메이지유신과 한일관계의 변용

메이지유신과 한일관계의 변용

한일관계사학회 편

발 간 사

　지난 2018년은 일본에서 메이지 정권이 수립된 지 150주년이 되는 해였습니다. 메이지 유신은 근대 일본의 출발점이며 또한 전근대 질서와는 전혀 다른 한일관계의 시작점이기도 합니다. 메이지 유신 이후 일어난 일본의 제도와 사회의 변화가 한반도에 어떠한 영향을 끼치고, 그로 인해 한일관계는 어떻게 전환되었는지에 대해 고찰하는 것은 근대 이후 구축된 한일관계를 분석하는 데 매우 필요한 작업이라고 생각합니다.

　이에 본 학회는 작년에 메이지 유신 150주년을 맞아 「메이지 유신과 한일관계의 변용」이라는 주제를 가지고 선문대에서 학술회의를 개최하여, 메이지 유신 이후 변용된 한일관계를 다각적으로 다루었습니다. 이는 우리 학회 창립 초기부터 학회 발전을 위해 열정을 쏟으신 이기용 교수님의 정년을 기념하여 선문대학교에서 열렸습니다. 학술회의를 후원해주신 한일문화교류기금에 깊은 감사를 올립니다.

　이제 그 결과를 모아 한 권의 책으로 발간하고자 합니다.

　내용은 메이지 정권의 대회팽창 정책의 배경으로서 신화와 전설이 근대 일본에서 역사화되는 과정, 메이지유신 이후의 조일간 외교 교섭의 변화, 개항 이후 거류지 문제, 메이지 유신과 대한제국의 군제 개혁, 일본의 개항과 한일관계관의 변화 과정 등을 분석하였습니다.

　이 책이 발행되기에는 우리 학회 초기 회장을 두 번이나 맡아 주신 손승철 교수님의 노고가 크셨습니다. 특별히 감사드리며 이 책의 간행을 기꺼이 맡아 주신 경인문화사에 존경을 표합니다.

2019년 6월,
한일관계사학회 회장 현명철

기조강연

메이지유신과 근대한일관계의 변용

이기용 | 선문대학교

서론

1868년 일본에서 일어난 메이지유신은 일본근대화의 기점이자 출발이 되는 거대한 정치적 사회적 변혁이었다. 19세기 말까지 미국과 영국 프랑스 등 서유럽의 몇 개국을 제외하고 산업혁명과 헌정변화를 이룬 나라는 유라시아 대륙에서 일본이 유일했다.

러시아 및 동유럽국가들도 그런 정도의 변혁은 이뤄내지 못했고 조선, 중국 등 동아시아의 다른 국가들도 마찬가지였다. 일본이 왜 신속히 헌법, 의회, 자본주의 등 서유럽의 핵심내용을 신속히 받아들여서 사회변혁에 성공할 수 있었는가. 이점은 2018년 메이지 유신 150주년을 맞은 오늘날에 있어서 역사적으로 평가하고 다시 검토해야 할 내용이라고 할 수 있다.

특히 우리 한국 입장에서 볼 때 그 이전시기까지 문화적 우월의식을 가지면서 대했던 일본이 전통적 한일관계를 변용시킨 기점으로서 다시 돌아보고 성찰해야 할 역사적 사건이다.

먼저 메이지유신으로 시작한 일본 근대화의 성공이 어떻게 가능 했는가 그 요인을 검토하고 반면 일본 근대화의 기점인 메이지유신이 근대한일관계의 변용을 일으키며 오늘날 한국에 아직까지도 큰 상처와 역사왜곡으로 인한 근본적 소통의 부재 속에 이글어진 한일관계가 지속되는 현실의 역사적 원인으로서 더 확실이 밝혀야 한다고 생각한다.

메이지유신은 당시 서세동점의 압력 속에서 260년간 지속된 도쿠가와 막부가 무너지고 근대 천황제를 형성하면서 이룬 정치, 경제, 사회, 문화 변혁의 총칭이다.

근대일본의 출발이자 오늘날 번영하고 발전하는 일본과도 직결되는 역사적 전환점인 메이지유신의 그 성과부터 먼저 살펴보고자 한다.

1. 메이지유신과 일본근대화

메이지유신은 19세기 서구 사회가 아닌 곳에서 유일하게 성공한 근대화 혁명이자 개혁이었다. 메이지유신은 몇 가지 조건 때문에 성공할 수 있었다고 본다. 먼저 도쿠가와 막번 체제의 존재이다. 도쿠가와 막번 체제는 극복할 대상이었지만, 메이지 국가의 성립 조건이기도 했다. 도쿠가와 일본은 막번 체제와 신분제로, 통합과 견제를 갖춘 봉건영주들로 구성된 준 주권국가 체제였다.[1] 즉 막부의 지방분권 자치제에 중앙집권적 관료체제가 잘 조화되어 있었다.

참근교체 등의 영주 통제 책으로 18세기 초반(1720년경) 에도는 이미 100만명(무사 60만명, 상인 40만명)이라는 인구를 가졌고, 오사카도 38만여명 등 대도시가 이미 일본에 형성되어 있었다. 같은 시기 유럽 파리나 런던의 인구는 50만에서 60만 정도였고 조선의 서울은 20만명 정도였다. 이 외에도 에도시대 일본은 수만명의 인구를 갖고 있는 도시들이 전국적으로 산재해 있었다. 이 도시인구의 절반 이상이 소비집단인 무사들이였고 나머지는 물자를 공급하는 상인들이어서 이들이 대도시의 유통경제를 발전시켜서 자본주의와 산업화에 연결되는 경제상태가 이미 형성되어 있었다.

....
1) 장인성, 『메이지유신』, 살림출판사, 2007, p.87.

또한 나가사키 데지마의 네덜란드 상관을 통해 좁은 통로이기는 했지만 유럽 정보와 서양서적들이 들어와 있어서 이 나가사키에서 난학(蘭學)이 발생하였다. 난학은 막부가 정보를 얻거나 지도를 제작하가 위해 제한적으로 허용한 네덜란드어 서적을 통해 형성된 지식 체계를 말한다. 난학의 영향은 지도제작뿐 아니라 과학기술, 미술, 의학 등에도 미쳤고 해금 체제의 유학, 국학, 신도와는 다른 유럽 세계의 지식과 정보를 제공했다. 막부는 난학이 유포되는 것을 통제했지만, 난학은 난학자들의 사제나 동문의 개인 통신망을 통해 여로 곳의 중간 지식층에 퍼졌다.

난학은 관심 대상을 서양 일반으로 확대했으며 그 분야도 정치, 군사 학문으로 넓힘으로서 난학자들은 서양의 근대과학에서 '경험'을 바탕으로 한 '실리' '실용' '실증'을 추구하는 방법론적 시각을 얻었다. 스기타 겐파쿠(杉田玄白)는 사체의 해부를 통해 서양 의학의 과학성과 객관성을 확인했고, 실험과 실증의 중요성을 깨달아서 그는 이 경험을 살려 네덜란드어 서양 의학서를 『해체신서』(1774)로 번역했다. 난학은 과학적 세계관을 유발했고, 막부 말기의 개혁 지사들의 서양이해와 현실주의적 국제정치관을 규정하는 하나의 지식 기반이 되었다.

그리고 당시 일본인들은 네덜란드 상관장이 매년 막부에 보내는 풍설서(風說書:정보보고서)와 난학자들이 입수한 정보를 통해 서양에 대한 정보를 풍부하게 갖고 있었다. 제1차아편전쟁(1840~42)에서 청국이 영국에게 패배한 소식도 나가사키 데지마를 통해 일찍 접했었고 그 위기감 때문에 막부는 1854년 일미화친조약을 맺었으며 제2차 아편전쟁(1856~58)소식이 전해지자 1858년 일미수호통상조약까지도 체결했다.[2]

이렇듯 일본은 에도시대에 이미 상당한 수준의 학술과 과학기술을 가지고 있었으며, 무사들은 현실주의적 민감성과 기술 관료로서의 능력을 갖추

---

2) 芝原拓自, 『世界史のなかの明治維新』, 岩波新書, 1977, p.18.

고 있었다. 막번 체제와 무사 사회의 경험은 주권국가 체제와 국민국가 패러다임을 받아들이는 데 순기능 역할을 했다고 본다. 도쿠가와 막번 체제가 없었다면 메이지유신이 없었을 것이다.

또한 일본을 둘러싼 외교 환경이 양호했다는 점도 들 수 있다. 서양 열강은 동남아와 중국에는 적극 진출했지만, 일본에 대해서는 통상에만 관심을 가졌다. 개국 조약들은 통상 수호가 목적이었지만 양이운동이 한참이던 1863년, 영국과 프랑스는 소규모 군대를 요코하마에 주둔시키고 사쓰마, 조슈번과 전투를 벌였지만, 이는 어디까지나 조약을 유지하고 양이 정책의 전환을 촉구하기 위해서였다. 영국과 프랑스는 패배한 사쓰마와 조슈 번에 배상이나 영토 할양도 요구하지 않았으며 프랑스도 이권을 얻기보다는 막부의 군사력 증가에 관여 했을 뿐이다. 열강은 일본의 무신전쟁(토막전쟁), 서남전쟁 등의 내란에 관여해서 세력경쟁을 벌이는 일도 없었는데[3] 이것은 매우 다행스러운 국제환경 이었다고 할 수 있다.

또 메이지유신 지도자들의 지도력과 책임 의식, 개혁 의지, 현실주의적 실천을 겸비한 정치 감각을 들 수 있다. 메이지유신 지도자들은 무사 출신으로 위협에 대한 민감성과 자주독립을 이루려는 의지뿐 아니라 서양 세계와 근대 문명에 대한 지식과 국제정치적 감각을 지녔으며 무사적 생존 의식은 문명개화와 부국강병을 모색하는 개혁 의지와 결단성으로 나타났다.

메이지유신의 개혁의 범위는 광범위했고, 갈등과 대립을 수반했지만 비교적 안정적이고 치밀하게 전개되었다. 메이지유신으로 일본은 부국강병을 이루었고, 한반도 침략이 목적이었던 청일전쟁과 러일전쟁의 승리를 통해 대제국으로 성장했었다. 그리하여 메이지유신은 오랫동안 부국강병과 근대화에 성공한 사례로 예찬되고, 근대화의 본보기를 메이지유신에서 찾았다. 청국의 무술개혁이나 조선의 갑신정변과 갑오개혁은 메이지유신을 본보기

----

3) 三谷博 山口輝臣, 『19世紀日本の歷史』, p.88.

로 삼았고 또 박정희의 '조국 근대화'나 '10월유신'도 메이지유신의 영향을
받았다. 라이샤워, 잰슨 등 서구 학자들도 서구사회가 아닌 곳에서 성공한
근대화 본보기로 메이지유신을 주목했다.

메이지유신은 현대 일본의 국가발전과 위상의 기초를 세웠고, 일본역사
에서 그 어느 것보다도 큰 의미가 있다. 혁명적인 개혁을 한 결과 중앙정권
이 탄생했고, 신분제를 없앴으며, 교육 받을 기회를 크게 넓혔다. 메이지유
신은 봉건제의 관행과 제도를 없애고 문명개화와 국가발전을 이룩한 점에
서 근대화와 근대주의의 모범사례라고 할 수 있다.

하지만 메이지유신은 어둠과 불행도 유발하였다. 메이지유신의 어둠은
메이지유신의 성립 조건과 성격에서 예견되었다. 대외 위협에 대응하기 위
해 일어난 메이지유신은 그 태생 조건 때문에 부국강병과 국가에 지나치게
집착하게 만들었고, 국가와 사회, 개인을 강하게 규율하는 정치체제를 창출
했다. 또한 관료주의와 민족주의는 메이지유신을 성공하게 만들었지만, 동
시에 천황제 국가로 귀결되고 국가주의적 성향을 강화했다. '위로부터의 개
혁과 혁명'은 '위로부터의 규율과 통제'를 수반하였고 미이지유신이 탄생시
킨 '대일본제국'은 이후 일본 정치와 외교의 성격과 행태를 규정하였다.

특히 일본 역사 속에서 계승되어 메이지 초기 분출한 '정한론'은 근대일
본의 국가기본 이념으로 자리 잡아 청일전쟁, 러일전쟁, 을사보호조약을 수
행하며 끝내는 경술국치 한국 식민지화를 달성한 침략국가 일본이 되어 전
근대 한일관계와는 확연히 다른 불행하고 변용된 근대한일관계가 만들어진
것이다.

2. 선린우호관계 속에 계승된 '삼한정벌설'

한편 메이지유신 근대화의 기반이 형성되었던 에도시대의 한일관계를 볼

때 조선의 통신사 왕래로 생긴 오늘날 한류와 같은 조선 문화 선호 및 선린 우호의 모습이 보이는 반면, 메이지유신 이후에 본격적으로 나타난 정한론 사상의 재생 계승이라는 두 측면은 발견 할 수 있다.

　메이지유신 직후에 분출된 정한론은 선린우호 관계가 지속된 에도시대와 는 다른 불행하고 변용된 근대 한일 관계의 서곡이며, 오늘날 일본인의 마음속에 자리 잡은 왜곡된 한국 인식의 연원이라 할 수 있다.

　근대 일본 침략 사상의 기점이 된 정한론은 메이지 초기에 갑자기 나타난 것이 아니고 그 원형은 고대로 거슬러 올라간다. 고대 일본의 건국사를 다룬 『일본서기(日本書紀)』는 일본의 기원과 형성 과정을 기록하였는데 고대 한반도에서 일본으로 문화전파가 빈번히 이루어진 탓에 한반도와 관련된 내용이 매우 많다. 그러나 상당 부분이 신화적 내용이 많고 기록할 당시 집필자의 조작과 후세 사람들의 개작 등으로 역사적인 사실로는 보기 어려운 왜곡된 내용들이 있었다. 특히 고대 천황제 국가 확립기에 천황의 정당성과 권위를 높이기 위한 목적으로 편찬되었기 때문에 한반도 관련 내용은 사실성과 시기 부분에서 많이 왜곡되었다고 볼 수 있다.

　『일본서기』에 기술된 내용 중 일본인의 의식 속에 계승되어 한국과 긴장 관계나 무력충돌이 일어날 때마다 상기되는 설화가 바로 '진구(神功) 황후의 삼한 정벌설'이다.

　신탁을 받은 진구(神功)황후가 신의 보호 아래 신라에 쳐들어가자 신국(神國) 일본의 신병(神兵) 위세에 눌려 신라왕은 바로 백기를 들고 항복하고 그 소식을 들은 백제, 고구려도 스스로 항복하여 삼한은 이후 일본에 조공하기로 맹세했다는 내용이다.[4]

----

4) 『日本書紀』第9卷, 神功皇后·仲哀天皇 9年 9·10月, 井上光貞 編, 『日本の名著』 1, 中央公論社, 1983, p.196.

5) 津田左右吉, 『日本上代史研究』, 岩波書店, 1930; 池内宏, 『日本上代史の一研究 — 日鮮の交渉と日本書記』, 近藤書店, 1947; 三品彰英, 『日本書記朝鮮關係記事

진구가 무력으로 신라, 백제, 고구려까지 정복함으로써 한반도 삼국이 이 때부터 일본에게 조공을 시작하고 종속 관계가 확립했다는 사실이 아니면 서 역사적 근거로 삼고 있는 내용이다. 이 내용이 허구의 신화나 설화에 그 친다는 사실은 이미 일제 강점기부터 츠다 소키치(津田左右吉) 등의 일본 학자들이 진구 설화가 고증할 수 없는 초사실적인 내용이라고 사료 비판을 통해 주장하였다.5)

이와 같이 역사적인 사실이 아닌 허구의 설화가 여몽 연합군의 일본 침 공, 기해동정(己亥東征:쓰시마 정벌), 임진왜란, 메이지 초기 정한론 등 조선 과 무력 충돌이나 긴장 상태가 발생할 때마다 새로 포장되고 재생되었다. 설화 내용은 일본을 천황 중심의 신국으로 보는 의식, 조선에 대한 멸시와 깊은 관련이 있다. 따라서 조선에 대해 왜곡된 시각과 침략성을 가진 학자 나 집권자들에 의해 끊임없이 인용되고 활용되어서 마치 일본역사 속에서 끊임 없이 출몰한 생물과 같은 존재다.

임진왜란 후 등장한 에도 막부는 조선과 국교 정상화를 이루어 선린우호 의 길을 열었는데 이는 에도 막부를 세운 도쿠가와 이에야스(德川家康)가 조선을 침략 대상이 아닌 문화·학문의 선진국으로 인식하고 다시 교류를 원했던 데서 기인한다. 또한 막부는 유학(儒學)을 관학(官學)으로 삼았기 때 문에 유학자들을 중심으로 에도 유학의 종주국 조선을 존경하였다.

에도 유학을 확립한 후지와라 세이카(藤原惺窩)는 임진왜란 때 일본에 포 로로 연행된 사대부 강항(姜沆)을 통해서 그의 학문을 이루었다. 그 맥을 이 은 제자 하야시 라잔(林羅山)은 막부의 중앙 교육 기관인 쇼헤이자카(昌平 坂) 학문소의 책임자인 가쿠몬노가시라(學問頭)를 맡았고, 이 직책이 그 가 문에서 세습되어 에도 시대 말까지 계승되었다. 또 하야시 라잔의 제자인

考證』, 吉川弘文館, 1963.
6) 阿部吉雄, 『日本朱子學と朝鮮』, 東京大學出版會, 1965, pp.239~242.

야마자키 안사이(山崎闇齊)[6]도 퇴계(退溪) 이황(李滉)의 저서인 『자성록(自省錄)』의 영향을 받아 그의 유학 사상을 형성하는 등 세이카, 라진, 안사이 등 후대에 이름을 날린 에도의 대표 유학자들은 조선유학자 중 특히 이퇴계를 존경했고 세이카는 조선 사대부 평상복인 '심의도복(深衣道服)'을 착용할 정도로 조선에 심복했다.

에도 시대 전반에 걸쳐 조선 통신사(400~500명 규모)로 불린 학문, 문화 사절단이 일본으로 열 두 차례나 파견되었는데 통신사를 맞이하는 일본 유학자의 태도에서 조선에 대한 존경심을 확인할 수 있다. 통신사 일행에는 일본의 문화와 학문적 욕구를 충족시키기 위해 당대 학문수준이 높은 사대부와 의사, 화가들이 동행했다. 또한 각 번(藩)은 통신사가 올 때마다 지역 유학자를 통신사 곁에 파견해 학식을 배우도록 했다. 이들은 통신사 일행과 시수창을 하거나 이들의 서체를 받는 것을 더할 나위 없는 명예로 생각했다. 이를 반영하듯 통신사 일행이 에도 성에 입성하는 날은 에도 시민이 길가에 나와 통행로 주변에 미리 자리를 잡고 이들을 열렬히 환영했다. 이날은 마치 에도의 축제일과 같았다.

통신사 일행에 대한 일본 유학자들의 태도는 존경을 넘어 아예 숭배에 가까울 정도였다. 그리고 통신사가 일본을 다녀간 후 한동안은 통신사 행렬 모습이 부적 주머니 등에 그려졌고, 유학·의학·음악·미술 등 각 분야에서 유행처럼 번졌다. 오늘날 한류와도 같았다. 조선의 학문과 문화에 대한 존경심은 당시 막부의 직설 유학 교육기관인 쇼헤이자카 학문소와 지방의 번교(藩校)를 중심으로 형성되었고 에도 시대 말까지 일본 전역에 확산되었다. 이런 조선관은 이후 삼한 정벌설이 부활하는 가운데서도 에도 시대 말까지는 무사와 서민 사이에 넓게 정착되었다고 볼 수 있다.

18세기 막부재정 개혁자로 등장한 아라이 하쿠세키(新井白石)도 "옛 삼한

---

7) 같은 책, pp.466~472.

은 일본의 속국으로, 그 나라 국왕들이 모두 일본에 복속했다"[7]고 삼한 정벌설을 인용하였다. 그는 천황 밑의 도쿠가와 장군을 일본 국왕으로 호칭하며 조선 국왕과 대등하게 보고 조선을 일본보다 아래에 두고자 하였다. 그리하여 당시 막부가 국가의 1년 치 예산에 해당하는 은 100만 냥을 조선통신사 접대비용으로 사용했었는데 그 부담이 너무 크니 대폭 삭감하자고 주장했다.[8]

이후 오사카(大阪) 상인 자제 상대로 가이토쿠도(懷德堂)라는 사숙(私塾)을 개설한 당시 유학자 중의 공리주의 실학자였던 나카이 지쿠잔(中井竹山)은 그의 저서 『초모위언(草芽危言)』의 '조선지사((朝鮮之事)'에서 "원래 조선은 일본의 속국인데 임진왜란 후의 국교 정상화 과정에서 도쿠가와 정권이 조선과 너무 비굴하게 선린우호 관계를 맺어서 화근이 되었다"고 교린관계 자체를 비판하였다. 특히 천황 존중론을 내세워 통신사들이 막부장군이 거처하는 에도에만 왕래하고 천황이 거처하는 교토에는 들리지도 않다고 비판하였다.

이와 같이 에도 초기부터 유학자들에 의해 형성된 조선 존중론과는 대비되는 조선 속국론과 침략론의 흐름이 에도시대 이미 발생했었다. 그러나 일부 사상가들이 제창한 속국론, 침략론의 사상적 흐름은 비주류 사상이었으며 도쿠가와 막부가 지배했던 에도시대가 끝날 때가지는 조선과는 대마도를 중간매개로 하면서 선린교린관계가 지속되었다.

요시다 쇼인은 1853년 미국 함대를 끌고 온 페리(Matthew Calbraith Perry)제독의 개항 요구에 자극받아 '존황양이론(尊皇攘夷論)'을 전개하였고 서양 열강 압박에서 벗어나고자 조선과 아시아를 겨냥한 침략 사상을 체계화시켰으나 도막(倒幕) 운동을 벌이다 구속되어 30세의 젊은 나이에 사형 당했다.

---

8) 『新井白石全集』 第3卷, p.635.
9) 矢澤康祐, 「江戸時代における日本人の朝鮮觀」, 『朝鮮史研究會論文集』 第6號, 朝鮮史研究會, 1969, p.22.

그는 "진구 황후가 삼한을 정복하고 도요토미 히데요시가 조선을 정벌한 것은 모두 호걸(豪傑)이 한 일이라"[10]고 평가하였는데 그의 조선침략 구상 중심에 이미 삼한 정벌설이 부활해 있었다.

또한 그는 옥중 수기인『옥시첩(獄是帖)』에서 "서양 열강에 의해 잃은 것을 조선과 아시아에서 보상 받으라"고 이후 메이지정부가 추진한 제국주의 식민지화론을 전개하였으며 "조선을 독촉해 인질과 조공을 바치게 하고, 북쪽으로는 만주를 빼앗고, 남쪽으로는 대만·필리핀 섬들을 차지해야 한다"[11]고 제2차 세계대전에서 일본이 아시아를 향해 펼친 '대동아공영권(大東亞共榮圈)'의 원론으로 볼 수 있는 침략 사상을 전개하였다.

요시다 쇼인은 "진구 황후와 도요토미 히데요시가 황도(皇道)를 명확히 세운 선각자로 평가하면서 진구 황후와 도요토미 히데요시의 조선 침략을 계승해 결실을 보자"는 정한론을 펼친 것이다. 그는 서양 열강의 압박감 속에서 불평등 조약을 체결한 막부의 무능함을 비판하면서 막번 체제에 대한 대응으로 천황 중심의 국체론(國體論)을 이념화 한 것이며 이 국체론 속에 존황론(尊皇論), 신국론(神國論), 정한론(征韓論)이 모두 함축되어 있다.

즉 요시다 쇼인의 정한론은 존황국체론(尊皇國體論)과 표리일체를 이루고 있어서 '존황정한(尊皇征韓)' 사상이라고도 할 수 있다. 메이지유신 직후에 분출한 정한론도 이 사상의 연장선에서 일어났으며 그가 개설한 사숙인 쇼카손주쿠(松下村塾)에서 교육 받은 문하생인 메이지의 지도자 기도 다카요시(木戸孝允), 야마가타 아리토모(山縣有朋), 이노우에 가오루(井上馨), 이토 히로부미(伊藤博文) 등은 요시다 쇼인의 정한론을 실천한 인물들이다. 또 오늘날 일본에서 장기집권을 하고 있는 아베 신조 총리도 동향 야마구치의 사상가 요시다 쇼인을 제일 존경하는 인물이라고 공언하고 있다.

....

10) 吉田松陰,『講孟余話』, 山口縣教育會 編,『吉田松陰全集』第3卷, 大和書房, 1974, p.387.

11) 吉田松陰,『幽囚錄』,『吉田松陰全集』第3卷, p.387, pp.350~351.

3. 메이지유신 직후 '정한론'과 근대 천황제국가 확립

메이지유신 후 메이지 정부는 막부 폐지와 왕정복고를 조선에 통고했는데 이 때 요시다 쇼인의 존황국체론을 계승해, 왕정복고를 알리는 「서계(書契: 공식 외교문서)」에 메이지 천황을 조선 국왕보다 위에 두고 황조(皇祖), 황상(皇上), 황실(皇室), 봉칙(奉勅) 등 조선을 자극하는 용어를 사용하였고 일방적으로 신인(新印)을 사용했다. 그러자 종래의 선린우호 격례(格例)와 서식과 내용이 다른 「서계」를 본 동래부사 정현덕(鄭顯德)은 문서 수납을 거절하고 즉시 일본 사절을 돌려보냈다.

조선은 조선시대 이래 계승되어왔던 선린우호 관계를 부활하기를 바라며 이후 「서계」 양식의 변경을 계속 요구했지만, 일본은 계속 황(皇)과 칙(勅)의 문구를 고집한 채 사신을 다시 보냈다. 메이지 정부는 조선에게 구교의 회복이라고 하면서 에도 말기 요시다 쇼인의 '존황정한' 사상을 그대로 계승하며 외교에 관찰시켰다. 특히 메이지 정부는 조선 국왕이 도쿠가와 막부의 역대 장군들과 대등 관계였고, 도쿠가와 장군은 천황의 신하였기 때문에 조선 국왕은 일본 천황에게 신하로서 예를 갖추어야 한다는 논법이었다. 조선은 이런 일본의 오만한 외교 태도를 받아들일 수가 없었고 이 때부터 종래와는 다른 근대한일관계의 변용이 시작했다고 할 수 있다.

일본 사절이 계속 쫓겨나자 메이지 정부는 1869년 12월, 쓰시마를 통한 교섭을 중단하고 외무대록(外務大錄) 사타 하쿠보(佐田白茅)와 수행원 모리야마 시게루(森山茂), 사이토 사카에(齊藤榮) 등을 조선에 직접 파견해 실상을 파악토록 했다. 사타 하쿠보는 메이지 정부의 대조선 교섭에서 책임 역할을 맡았던 외무성(外務省) 고관이다.

사타 하쿠보는 조선으로 파견되기 전부터 "조선은 진구황후의 삼한 정벌 이래 일본의 복속국이니 조선의 무례에 대해 응징해야 한다"고 삼한 정벌설에 근거한 정한론을 펼쳤다. 그들이 파견된 후에도 교착상태가 지속되

자 조선과의 새 관계 수립이 어렵다는 결론을 내리고 귀국하여 조선이 황국
일본에 치욕을 주었으니 일본군 30대대를 출발시켜 조선 소굴을 유린하면
무너진다는 격렬한 내용의『건백서(建白書)』를 제출했다.[12] 사타 하쿠보의
『건백서』는 대조선 교섭의 난항과 더불어 일본 조야에 많은 영향을 주었다.
특히 사타 하쿠보는『건백서』제출 후 일본 전국을 유세하며 격렬한 정한
론을 펼쳤기 때문에 당시 국민 여론으로 자리 잡게 된다.

　근대 일본 침략 사상의 기점이 된 메이지 초기 정한론은 삼한 정벌설의
부활이며 또 실행 시기와 방법을 놓고 논쟁까지 전개되었다. 사타는 1875년
3월,『정한평론』이라는 책을 출간하였는데 수록된 글 중에서 이색적으로 정
한론의 본질을 비판한 다야마 마사나카(田山正中) 의 글이 수록되어 있다.

　다야마는 정한론자들이 하나 같이 인용한 삼한정벌설의 침략상 자체를
비판하였고 오히려 고대시기 한반도에서의 문화전파의 은공을 잊지 말아야
함을 지적하였다.[13] 또 에도시대 지식인의 히데요시 비판을 계승하면서[14]
도요토미 히데요시의 조선침략을 맹렬히 비판했다. 그리고 조선을 침략시
하는 것과는 반대로 서양에 대한 비굴한 대응을 지적하면서 오히려 조선인
의 의리와 기질의 아들다움을 극찬하였다.

　다야마의 주장은 정한론이 대두한 이 시기에 아직 선린적인 조선관이 일

....

12) 1875년(메이지 8) 3월, 忠芬義芳樓藏版『征韓評論』이라는 책이 출판되었다. 이것
　　은 격렬한 정한론을 주장한 사타 하쿠보가 자신의 글을 비롯한 여덟 편의 정한론
　　에 관한 글을 수집하고 각설에 대한 자신의 비평까지 주석으로 달아서 출판한 책이
　　다. 吉野作造 編,『明治文化全集』第22卷, 雜史 編, 所收, 日本評論社, 1929, p.26.
13) 같은 책, p.29.
14) 에도시대 일부 조선 멸시론자를 제외하면 막부를 비롯한 정통 주자학 지식인들은
　　도요토미 히데요시의 조선 침략을 명분 없는 전쟁이라고 악평했다. 가이바라 에키
　　켄(貝原益軒) 등은 "타이코정한(太閤征韓)의 역(役: 전쟁)은 탐교분(貪驕忿)의 삼병
　　(三兵)을 합친 것"이라고 혹평했다. 姜在彦,「文祿慶長の役と朝鮮通信使」『歷史の
　　中の日本と朝鮮』, 講談社, 1981, p.179.

본인 속에 남아 있었음을 보여 주고 있는데 그러면 왜 메이지 이후 다야마의 주장은 사라지고 멸시와 침략적인 조선관이 대다수 일본 국민 속에 자리 잡았을까? 이는 근대 이전부터 내려온 침략적인 조선관의 막연한 계승이 아니고 메이지 정한론을 기점으로 한 일본 정부의 조선 침략 정책과 실행 과정에서 의도적으로 재형성되었기 때문이다. 그리고 근대 천황제 국가 확립과 국민 교육의 보급 속에서 국민에게 정착되었다. 따라서 근대 일본의 침략 역사에서 메이지유신 이후의 정한론이 갖는 의미는 더욱 크다.

일본의 메이지유신 이후의 근대화는 그 이전에 선업화, 근대화에 성공하여 문명화단계에 도달한 영국, 프랑스 등과는 그 국가체제나 정치적 특색에 있어서 차이가 있다. 서양국가들의 근대화는 그 기축에 기독교사상이 있었고 여기에 자본주의와 민족주의가 결부된 형태에서 추진되었는데 일본 메이지정부는 서양문명화는 하되 기독교는 배제하였다.

일본 천황은 고대부터 정치 실권을 가졌을 때나 가지지 못했을 때나 국왕의 권위와 함께 국가 수호신으로서 대제사의 위상을 지켜왔다. 1192년부터 1867년까지 700여 년간은 일본에서 무사가 실권을 쥔 시대였다. 이 시기에 집권자는 정적은 제거해도 천황만큼은 결코 죽이고나 해치지 않았다. 천황의 위상만은 건드릴 수 없었기 때문이다. 무사 정권의 안정기인 에도 막부 때도 천황을 견제하기는 했으나 그러나 천황이 장군에게 직접 '정이대장군(征夷大將軍)'이라는 막부 통치권을 임명했고 실제 권력을 떠나 위상으로는 장군이 천황의 아래였다. 이는 중세 유럽에서 국왕을 임명한 로마 교황과도 같았다.

18세기 말 일본에서는 모토오리 노리나가(本居宣長)를 중심으로 삼한 정벌설을 기술한 『일본서기』를 비롯해 여러 고전 문헌이 연구되었다. 이는 유교와 불교가 들어오기 전 일본의 고대 정신을 해명·부활시키려는 국학 운동에서 기인했고 이것이 일본에서 근대 천황제 국가가 성립된 계기가 되었다. 그는 고전 문헌에 기록된 천황 가계 연구를 통해 신화를 사실로 인식하였고 태양신인 아마테라스 오미카미는 일본 태생이고, 태양신의 자손인 일본 천황가의 혈통이 연속되고 있다고 했다. 또한 일본은 신이 지켜주는 신국이라고 주장했다. 이러한 주장을 통해 '천황은 일본 국가 체제의 독자성과 우수성을 상징하는 존재'라는 관념이 확립되었고 이 주장은 메이지유신을 주도한 요시다 쇼인과 그의 제자들에 의해 막부 말기에 '존황도막(尊皇倒幕)' 사상으로 이어지고 메이지 초에 '존황정한(尊皇征韓)' 사상으로 발전하였다.

정한론자를 주축으로 한 메이지 정부가 정치 권위를 유지하고 근대화를 추진해 일본의 부국강병을 실현하려면, 강력한 중앙집권 국가 체제와 국민 통합이 필요했다. 메이지 정부 수립 이후 요시다 쇼인의 제자인 이토 히로부미는 근대 국가 시스템 도입을 주도하면서 입헌군주제와 근대 헌법 제정에 앞서 영국과 독일 등 유럽을 시찰했다. 거기서 그는 서양 국가들이 산업화에 성공하고 부국강병을 이룬 정신적 지주가 기독교라는 사실을 알게 되었다.

메이지 일본의 핵심 요직인 추밀원 의장 이토 히로부미는 1888년 6월 제국 헌법 초안을 추밀원에서 심의했으며 이 때 회의에 앞선 자기 소신 표명에서 그는 "헌법 정치가 자리 잡은 서양에서는 국민정신의 중심에 기독교가 있지만, 일본의 종교는 약체라 그 역할을 제대로 못하고 있으니 일본에서 중심이 될 존재는 오직 천황가(天皇家)뿐이다"라고 단정했다. 그 결과 '천황제'를 국가 통합 이데올로기로 도입하기에 이르렀고 이는 요시다 쇼인의 존황국체론을 계승한 것이기도 했다.

메이지 정부는 『고사기(古事記)』와 『일본서기』의 신화를 근거로 천황을 신격화하고 천황에게 절대 권력을 부여해 신성 불가침한 통치자로 천황의 이미지를 대중에게 침투시켰다. 즉 "천황가는 일본 민족의 조상이며 개국 후 신의 자손으로 일본 열도와 민족을 지배해왔다"는 천황 신격화를 창작해 교육시켰다. 이를 위해 일본 고유의 종교인 신도(神道)를 일본의 전 종교를 하나로 통합하는 새로운 국교(國敎)인 국가신도(國家神道)로 격상시켰고 천황을 국가신도의 최고 제사를 행하는 신성한 대제사의 모습으로 다시 각 인시켰다.

1889년에 제정된 황실전범(皇室典範)과 대일본제국헌법(大日本帝國憲法) 제1조에서 "대일본제국은 만세일계의 천황이 통치한다"라고 천황 주권을 기본 원칙으로 정했다. 천황에 대한 숭배 의식을 고착시킴으로써 메이지 천황은 국가 원수로서 행정·입법·사법의 삼권을 포함한 통치권을 모두 관할하는 막강한 행정권도 갖게 되었다. 또한 「교육칙어(敎育勅語)」를 반포하여 이것을 전국의 학교에 배포함으로써 천황에 대한 국민의 충성심, 애국심 교육을 강화하였다. 즉 천황을 위해 목숨까지 바쳐야 한다는 사상을 국민에게 심어주었다.

이같이 메이지 정부 지도자들은 옛 기록 속의 천황 신화를 사실의 역사로 창작해 일본을 신국으로 규정하였고 천황은 신성불가침한 절대 주권을 갖는 현인신(現人神: 사람이면서 신적인 존재)이며, 국가와 민족의 근간이라고 교육했다. 또한 천황제 이데올로기의 빠른 정착을 위해 천황을 윤리·정신·정치의 중심에 세워 국가를 운영해야 한다는 국체론(國體論)을 전개했다.

4. 후쿠자와의 문명주의 침략 사상

근대 이후 삼한 정벌설은 천황 중심의 국체론을 확립하면서 '정한론'으로 부활했다. 그리고 이것이 확산되면서 서양 문명론을 명분으로 한 또 하나의 정한론이라 할 수 있는 '후쿠자와 유키치(福澤諭吉)의 침략 사상'이 등장했다. 결과적으로 융합이 어려워보였던 양자가 융합되면서 조선 침략의 사상적인 기둥 역할을 했다.

후쿠자와는 문명론을 펼친 메이지 근대 사상가다. 일본이 막부 말기 대미 수교(1854년)를 하자 그는 1860년에 막부 사신의 수행원으로 미국을 방문했고 1862년에는 유럽과 아시아, 1867년에 다시 미국 등 모두 세 차례에 걸쳐서 외유했다. 그의 문명론은 외유의 견문과 체험을 통한 선진국 문화 학습으로 형성되었고 당시 드물게 서양을 직접 견문한 그는 문명의 차이를 실감했다. 그리고 일본의 문명이 도약해야 위기를 극복할 수 있다고 보았으며 그가 생각한 문명은 바로 '서양 문명'이었다.

후쿠자와는 유럽·미국 등의 선진 문명을 견문하고, 귀국 후『서양사정(西洋事情)』[15]을 시작으로 『학문의 권장』[16]『문명론지개략(文明論之槪略)』[17] 등 계몽 서적을 간행하면서 문명개화 운동을 전개했다. 그는 현재 일본에서 '일본 근대화의 총체적 스승'으로 평가받고 1만 엔 초상화의 주인공이기도 하다.

특히 후쿠자와는 근대 천황제 국가 확립도 선도하였으며 그가 펴낸『존황론』[18]에서는 정치·군사·경제·사회·도덕·학문·예술 등 사회 전반의 문명화에서 천황의 공덕이 미치지 않는 분야가 없다고 하였다.

당시의 영국 입헌군주제는 '군림하되 통치하지 않는 군주', 즉 군주의 권한을 제한하고 있었으나 후쿠자와는 일본의 입헌군주제를 '일군만민(一君萬民) 체제'로 만들어 군주로서의 천황의 위상을 극대화하려고 하였다. 즉 천황은 모든 영역을 초월해 국민을 하나로 통합할 수 있는 정신적인 지주라는 강력한 국가 정체를 이루려 했었고 그런 측면에서 후쿠자와도 당시 영향력

....

15) 福澤諭吉,『西洋事情』, 初編·外編·第2編, 1872~1876.『福澤全集』第1卷,『國民圖書株式會社』, 1926.

16) 福澤諭吉,『學問のすすめ』全17編,『福澤全集』第3卷, pp.17~147. 이 책은 1872년부터 1876년까지 출판되었다. 제1편은 20만부, 전17편 합쳐 340만부가 판매된 것으로 추산된다.

17)『文明論之槪略』,『福澤全集』第4卷, 1875, pp.1~262.

18)『尊皇論』,『福澤全集』第6卷, 1988, p.254.

있는 언론인이자 사상가로서 메이지 정부의 천황 신격화 작업을 적극적으로 옹호하며 동참했었다.

문제는 그가 문명론자이면서 침략 사상가라는 점이다. 후쿠자와는 조선과 일본이 강화도 조약을 맺은 직후인 1877년에 월간지 「가정총담(家庭叢談)」(제47호)에서 처음으로 조선을 언급하였는데 "과거 스승과 같았던 조선도 오늘날 문명화가 진행 중인 일본에 비하면 너무 빈약하다"고 하였다. 그 이유로 "역사가 발전하지 못하고 정체되어 있기 때문"이라고 지적하였다. 후쿠자와의 발언은 일본의 또 다른 조선 멸시론과 정체론의 출발점이 되었다.

1884년 12월, 후쿠자와는 김옥균, 박영효, 서재필 등 급진 개화파가 일으킨 갑신정변이 실패하여 개화파 인사들이 가혹한 형벌을 받고 가족들도 연좌제로 처형당하는 것을 보고 '조선 독립당의 처형'이라는 사설에서 조선의 야만적인 형벌을 규탄했다. 후쿠자와 유키치는 이 시기 청국도 청불 전쟁에서 패배하자 국제적인 위기감을 느끼고 1885년 3월 1일 「지지신보」에 문명론을 명분으로 하고 정한론과 맥을 같이 하는 '탈아론((脱亞論)'을 발표했다.[19]

이 내용에서 그는 일본이 아시아 중 유일하게 문명동점의 파도 속에서 침몰하지 않고 문명의 단계에 도달했다고 보고 조선과 중국은 아직도 유교주의에 사로잡혀서 수천 년 전과 다름없는 정체된 상태라는 사실을 강조했다. 따라서 이 나라들과 가까운 관계에 있는 일본이 서양 제국과 접촉할 때 피해를 본다고 하며 서양 열강들이 제국주의로 아시아를 분할하듯 일본도 앞으로 조선과 중국을 제국주의 침략 국가의 일원으로 대처해야 한다고 주장했다.

탈아론은 정체론(停滯論) 사관에 입각한 아시아 멸시와 문명이라는 이름으로 조선과 아시아 침략의 정당성을 선언한 내용이다. 탈아론 발표 이후

....

19) 『脱亞論』, 『續福澤全集』 第2卷, 1985年 3月 16日, pp.40~42.

메이지유신 이후 확산된 정한론과 융합되면서 조선과 아시아에 대한 체계화된 침략 사상이 확립된다.

특히 탈아론으로 일본은 메이지 이후 지속한 근대화의 총체적인 방향을 제국주의 침략 노선으로 결정지었다. 그의 탈아론에는 이미 천황을 중심으로 한 국권주의 논리와 아시아 멸시론이 내재된 제국주의 침략 사상이다. 다시 말해서 후쿠자와는 일본이 선택한 제국주의의 길을 문명국의 존재 증명으로 합리화 하였고 이 논리는 이후 제2차 세계대전까지 일본이 아시아 침략을 정당화하는 이론의 근거가 되었다.

청일 전쟁 발생 직후에 그는 '청일 전쟁은 국가 간의 전쟁이라기보다 문명과 야만의 전쟁이며 오히려 종교 전쟁이다' (1894년 7월 29일)라는 사설을 실었다. 따라서 이 전쟁은 관민이 일치해 승리해야 한다고 적극적으로 선도했다. 문명론을 명분으로 삼아 침략 전쟁을 합리화하려는 주장임을 알 수 있다. 일본이 청일 전쟁에 승리하자 그는『회고록』에 "평생의 숙원이 결실을 맺은 일대 쾌거"[20]라고 기뻐하였다.

일본의 후쿠자와 유키치 같은 우수한 문명 계몽사상가가 국가자원을 넘어서서 아시아 및 세계적 자원의 보편적 근대사상가로 추앙 받지 못하고 일본 국가주의 범주 속에 가라앉은 것이 매우 안타가우며 이 시기 일본사상가들이 갖는 한계라고 생각된다.

메이지 정한론의 뿌리는 진구 황후의 삼한 정벌설이며, 이것을 확고한 사상으로 만든 인물이 요시다 쇼인이다. 그리고 후쿠자와 유키치의 탈아론은 문명론을 명분으로 한 대아시아 침략 사상이다. 이 두 개의 근대 침략 사상이 '천황국체론'을 뒷받침하면서 융합되어 일본 제국주의 사상의 근간이 되었다. 특히 정한론과 탈아론이 융합한 대아시아 침략 사상은 일본이 청일 전쟁 이후 러일 전쟁, 제1차 세계대전, 만주사변, 중일 전쟁, 제2차 세계대

....

20)『福翁自傳』,『續福澤全集』第7卷, pp.617~618.

전(태평양 전쟁)까지 전쟁으로 가는 길로 유인했다. 그리고 일본제국주의가 감행한 모든 전쟁을 정당화하는 사상적인 기둥 역할을 했다. 일본의 제국주의 침략행위로 인해 근대한일관계의 비참한 변용은 물론이여 아시아 여러 나라에게도 씻을 수 없는 상처를 남기게 되었다.

5. 일본 우경화와 새 한일관계 정립 모색

일본은 제2차 세계대전에서 패한 후 연합국의 군정에 지배당했다. 전쟁이 끝나자 미국 정부는 일본 제국주의 침략의 근원이 천황에게 있다고 판단해 천황제 폐지를 검토하였다. 그러나 연합군 사령관 맥아더(Douglas Mac - Arthur)는 천황제를 폐지하고 천황에게 전쟁 책임을 추궁할 때 발생하는 일본 국민의 반발과 패닉 상태를 우려했다. 그는 오히려 천황의 지위를 점령 정책에 이용하는 편이 유리하다고 판단하여 영국·호주 등 연합국의 강력한 반대에도 천황의 전쟁 책임을 면죄했다.

그리고 1947년, 천황제를 존속시킨 채 '평화 헌법'으로 불리는 일본 헌법을 제정토록 했다. 천황 주권제를 폐지하고 천황의 정치 실권은 박탈했지만, '국민 통합의 상징'으로 천황제를 유지한 것이다. 이는 메이지 이후 확립된 근대 천황제 국가 일본이 천황의 재가 속에 자행한 모든 침략 전쟁과 식민지 지배에 대한 참회와 반성의 기회를 영영 잃어버린 결과를 초래했다.[21]

천황의 면죄는 천황을 신처럼 절대시 하고 따랐던 일본국민의 침략과 전쟁 책임을 통감시키는 일을 더욱 어렵게 만들었다. 따라서 전후 연합군은 도쿄재판에서 일본 국민에게 줄 충격 여하를 떠나서 침략과 전쟁의 잘못을 뼈아프게 실감시키기 위해서도 쇼와(昭和)천황을 단죄했어야만 했다. 그러

---

21) 이기용, 『정한론』, 서울:살림출판사, 2015. pp.77~78.

나 천황제 폐지는커녕 새 모습의 천황이 다시 탄생하게 되었다. 즉 중일 전쟁과 진주만 공격으로 시작한 태평양 전쟁은 군부가 주도했고, 원폭 투하 후 연합국에 대한 무조건적인 항복 수락과 '인간선언'은 천황의 용단에 의해 이루어졌다는 새로운 '천황 신화'가 일본 국민 속에 심어진 것이다.[22]

이렇듯 쇼와 천황의 단죄 없이 천황제가 존속되면서 일본은 침략 전쟁에 대한 반성과 책임을 확실하게 매듭짓지 못하고 넘어갔다. 게다가 천황은 "더 비참해질 수 있었던 일본을 구원했다"는 전후 평화 전도사의 이미지로 다시 부활하였다. 이는 전후 우익 세력의 천황 숭배와 정한론 부활의 씨앗으로 남았고 일본의 우경화 세력들은 천황제의 이념화를 기반으로 일본 민족의 통합과 정체성 확립, 나아가 신국가주의의 부활을 꿈꾸게 된 것이다.

일본의 천황은 메이지유신 이후 신격화를 통해 국가주의 이념의 절대적 지위와 중심에 서 있었다. 그것이 패전이후 절대천황제는 상징천황제로 바뀌어서 정치적 실권을 부여되지 않았지만 천황이라는 호칭을 그대로 사용하면서 일본국민과 국가의 상징으로서 존속되었고 나아가 종교적 심벌로서의 존재감도 상속되었다. 따라서 일본국가주의의 정신적 기둥인 천황제가 존속됨으로써 다시 국가주의 부활의 씨앗이 된 것이다.

일본의 우경화는 1990년대부터 보수·우익인사 및 단체들이 정계, 재계, 학계, 언론 등을 통하여 노골적으로 조장되기 시작하였고 여러 형태로 전개되었지만 전후 일본에서 우경화의 광의의 의미는 '천황제의 이념화', '과거사의 합리화', '국가주의', '군국주의'가 정당화되고 강화되는 현상이라 볼 수 있다.

우경화 정권의 선두주자 아베 신조의 가계를 보면 그의 고조부 오시마 요시마사(大島吉正)는 1894년 청일전쟁 직전에 경복궁을 불법 점령한 일본 군사령관이었고 그의 외조부 기시 노부스케는 2차대전 때 전쟁을 주도한 A

---

22) 渡辺治, 『日本の大國化とネオナショナリズムの形成』, 櫻井書店, 2001, p.139.

급 전범이자 전후 일본 우익보수정치의 대부로 알려진 인물이다. 이같이 아베 집안은 뿌리 깊은 침략적인 우경화 집안이고 또 아베가 외조부 기시와 더불어 제일 존경하는 인물이 같은 고향 조슈(야마구치)의 사상가 요시다 쇼인(吉田松陰)인데 아베가 고향에 가면 그의 묘소참배를 반드시 할 정도다.

아베가 존경하는 요시다 쇼인은 전술한 바 '정한론'에서 최초로 일본의 '대동아 공영론'의 원론을 펼친 사람이기에 요시다 쇼인의 '정한론' 사상을 보면 아베정권의 향후 방향을 짐작 할 수 있다. 아베는 일본군 '위안부'에 대한 공식 첫 사과발언을 한 고노담화, 과거 일본의 침략전쟁 사과를 한 무라야마 담화 계승에 대해서 애매한 발언을 하고 있으나, 야스쿠니신사 참배, 독도 영토도발, 일본군'위안부' 인식 등 과거사에 대해서는 일관된 역사수정주의를 관철하고 있다. 또한 아베관료 구성원 중 우익단체 '일본회의' 소속 회원들이 대다수를 차지하고 있다. 즉 2차 대전 전범들과 관련이 있거나, 과거 일본제국주의 동참자의 후손과 이에 대한 자부심을 가진 자들이 정권의 핵심 보직을 맡고 있다.

2012년부터 재집권한 아베는 다시 정치적 생명을 걸고 미국에 강요당한 평화헌법을 보통국가로서의 자주헌법으로 개정하여 자위대를 집단자위권 행사도 할 수 있는 군대로 만들자고 헌법 개정을 강력히 주장하였다. 패전 후 일본으로 하여금 평화를 지키게 한 것은 바로 평화헌법의 덕분이다. 그것이 평화헌법이 노벨 평화상 후보로까지 거론되었던 이유다.

그런데 2014년에 아베정권은 평화헌법 해석 변경을 가결시켜서 '집단자위권 행사'를 가능케 함으로서 전후체제 탈피를 추진하고 있고 얼마 전에 자민당 당수로 재 당선되면서 첫성이 평화헌법개정이다. 이런 역사수정주의자 아베의 형태는 과거 같은 침략역사를 가진 독일의 역사인식과는 너무 대조적이다.

2008년 3월 18일 독일의 메르켈수상은 예루살렘의 이스라엘의회에서 이스라엘 건국 60주년을 기념하여 연설하였는데 이스라엘의회 연설은 외국정부 수상으로서는 처음이었다. 독일수상이 나치스의 최대 피해자인 유태인 들 앞에서 역사인식과 관련해 연설하는 것은 마치 일본수상이 한국 국회에 서 과거 역사에 관해 연설하는 것과 같다.

여기서 메르켈은 "독일 역사 속의 나치스에 의한 도덕적인 파괴에 대해 서 독일이 영구히 책임을 인정하는 것만이 우리들이 인간적인 미래를 만들 고 인간성을 가질 수 있다."고 하면서 "독일 이름하에 자행된 600만명의 유태인 대량학살은 역사에 유례가 없는 인간문명 부정행위였다"고 마음 속 부터의 사죄를 하였다.[23] 그리고 "반유태주의, 인종차별, 외국인배척주의가 독일과 유럽에 만연하는 일을 두 번 다시 용서하지 않으며 이스라엘의 안전 을 지키는 일은 독일의 역사적 책임이자 국시의 일부"라고까지 하면서 이 스라엘과의 우호관계를 더욱 돈독히 하는 결의를 다짐하였다.

메르켈의 진정한 열의와 결의에 찬 역사직시와 반성자세에 이스라엘 국 회의원들은 크게 감명 받았다.[24] 과거 침략역사를 반성하기는커녕 수정하 는데 앞장서는 아베와는 너무 차이나는 독일의 역사인식이다.

침략전쟁의 역사를 가진 전범국가 독일은 메르켈수상 이전부터 전쟁 중 나치스의 유태인 학살을 영구범죄로 규정하고 지금이라도 전범자가 발각되 면 시한 없는 단죄를 하고 피해자에 대해서 철저한 배상을 해 왔다. 이스라 엘의 미국 다음의 우방은 현재 독일이다. 그것은 일본과는 근본적으로 다른 반성의 역사인식을 가지고 있기 때문이다.

독일이 유럽연합(EU)의 리더국가 역할을 할 수 있는 이유도 여기에 있고, 앞으로 일본이 가야 할 모범적 사례를 보여주고 있는 나라가 바로 독일이 다. 아베와 일본이 독일을 본받아 근본적인 역사수정주의의 전환이 없는 한, 메이지유신 이후 변용된 한일관계의 바른 정립은 어려울 것이다.

....

23) 구마가야 도오루(熊谷 徹), 『日本とドイツ ふたつの「戰後」』, 2015. 東京: 集英 社, p.36.
24) 구마가야 도오루, 앞의 책, p.37.

결론

메이지유신이 일본근대화의 기점이여 오늘날 아시아의 선진국으로서 번영 발전하는 일본을 만들어 낸 역사적 큰 성과였다고 볼 수 있다. 그러나 이웃나라 우리 한국과의 관계를 놓고 볼 때 선린 우호적이었던 에도시대 한일관계와는 다른 침략과 저항의 불행하고 어두운 변용된 근대 한일관계가 만들어졌다.

메이지150주년을 맞이하는 오늘날 시점에서 일본근대화의 성과에 이웃나라로서 공감하고 찬양할 수도 있었던 일을 그러지 못하게 된 역사적 사실이 안타가울 따름이다.

그리고 이글어지고 변용된 한일관계가 오늘날 일본의 우경화 행보 속에서 아직도 지속되어 있다는 현실에 마음이 무거워진다.

현재 일본의 집권자 아베와 추종자들의 근본적인 역사인식 전환이 어려운 현실에서 당분간은 지금과 같은 한일관계가 진행될 것이다. 그러나 진정한 남북통일까지 염두에 둔 한반도평화를 실행하고 유럽공동체와 같은 한중일 동아시아 공동체를 모색한다면 그 절대적인 전제 조건으로 일본의 진정한 과거사의 잘못을 통감한 근본적인 역사인식의 전환이 있어야 한다. 그것이 가까운 나라 한국과 진정 소통하고 메이지유신 이후 변용된 한일관계를 바로 잡는 유일한 길이다.

이를 위해서는 일본이 독일과 같이 과거역사를 정면으로 직시하며 반성하고 과감하게 보상하는 자세를 거울삼아 배워야 한다.

다행이 일본사회 내부에서도 우경화 흐름과 역사수정주의에 저항하는 운동은 자주 일어나고 있다. 이점은 과거 메이지유신 직후에 분출한 '정한론'에 대해 본질적 비판을 가한 다야마 마사나카에서도 볼 수 있듯이 불행한 한일관계 역사 속에서도 양심적인 일본인은 있었다.

오늘날 양심적인 시민단체들은 일본정부의 전쟁책임 회피, 천황제의 부활, 역사왜곡 시정을 제기하고 있고 또 한일 시민단체의 교류가 이전에 비해 훨씬 활발해지고 있다. 대화를 통해 역사와 관련된 여러 의견을 교환하고 구체적인 사안에 대해 논의하며 역사교재를 공유하거나 공동 편찬하는 노력도 지속되고 있다. 비록 민간차원이긴 하지만 한일 간 공동역사교재 개발의 의미는 적지 않다. 독일 및 유럽사례를 볼 때 '역사대화'를 통해 인내를 가지고 장기간에 걸쳐 순차적으로 '역사대화'를 진행한다면 결국 한일 간 공동역사교과서를 발간할 수 있는 가능성이 있다고 생각한다.

미래 밝은 한일관계의 전망은 일본이 독일 같은 역사인식과 실천을 따를 수 있는가에 달려 있다고 할 수 있다.

주제발표

근대일본에 있어서 신화와 전설의 역사화
- 기기(記紀)신화와 신공(神功)전설의 실체와 변용

나행주 | 건국대학교

1. 서 언

본 발표에서는, 일본고대에 천황가의 일본열도 지배의 유구성과 정당성을 주장하기 위해 창조된 기기(記紀)신화와 그 두 주인공 태양신 아마테라스오오미카미(天照大神), 스사노오노미코토(素戔烏命), 그리고 일본인의 왜곡되고 굴절된 한국관(한국인식)의 뿌리라 할 수 있는 신공황후(神功皇后)의 삼한정벌 전설(설화) 등을 주요 소재로 삼아 고대에 만들어진 이들 신화와 전설이 중세와 근세를 거치면서 어떻게 계승되고 변용되고 있는지를 관련 자료를 통해 검토한다.

더 나아가 이러한 신화와 전설(전승)이 근대 메이지기에 들어 식민지 조선지배의 합리화를 위한 이론으로 제기된 일선동조론(日鮮同祖論), 메이지기의 천황에 충실한 신민(臣民)을 양성하기 위해 만들어진 교과서(修身/國史), 그리고 다이쇼-쇼와기의 조선인의 황민화를 위해 세워진 조선신궁(朝鮮神宮)과 신사참배, 내선일체론 등의 사례에 대한 검토를 통해, 근(현)대에 있어서 신화와 전설이 어떻게 자리매김 되고 역사화 되어 가는지를 살펴보면

서 그 문제점과 역사적 의미를 반추해 보기로 한다. 특히, 조선신궁과 신공
황후의 관련성을 살펴보기로 한다.

2. 신공전설의 역사적 전개

주지하는 것처럼, 일본고대국가의 三韓觀·對韓觀의 뿌리는 다음과 같은
記紀의 신공전설 즉 신공황후의 삼한정벌신화·설화이다.

> 9년 겨울 10월 己亥朔 辛丑. 화이진(和珥津)에서 출발하였다. 이때에 풍신
> 은 바람을 일으키고, 해신은 파도를 일으켜 바다 속의 큰 고기들이 다 떠올라
> 배를 도왔다. 바람은 순풍이 불고 범선은 파도를 따라갔다. 노를 쓸 필요도
> 없이 곧 신라에 이르렀다. 그때 배에 따른 파도가 멀리 나라 안에까지 미쳤
> 다. 이것으로 天神地祇가 모두 도와 준 것을 알았다. 신라왕은 전전긍긍하며
> 어찌할 바를 몰랐다. (중략) 마침내 정신을 차리고 "내가 들으니 동쪽에 神國
> 이 있다. 日本이라고 한다. 또한 聖王이 있다. 天皇이라고 한다. 반드시 그 나
> 라의 神兵일 것이다. 어찌 군사를 내어 방어할 수 있겠는가"라고 말하고 백기
> 를 들어 항복하였다. 흰 줄을 목에 감고 스스로를 포박하였다. 圖籍을 바치고,
> 王船 앞에서 항복하였다. 그리고 "금후는 길이 乾坤과 같이 엎드려 飼部가 되
> 겠습니다. 배의 키가 마를 사이 없이, 춘추로 말빗과 말채찍을 바치겠습니다.
> 또, 바다가 멀지만 매년 남녀의 調를 바치겠습니다"라고 말하였다. 거듭 맹세
> 하여 "동에서 뜨는 해가 서쪽에서 떠오르지 않는 한 또 아리나례하(阿利那禮
> 河)가 역류하고 강의 돌이 하늘에 올라가 별이 되는 일이 없는 한, 춘추의 朝
> 를 빼거나 태만하여 빗과 채찍을 바치지 아니하면 天神地祇와 함께 죄를 주십
> 시오"라고 말하였다. (중략)신라왕 파사매금(波沙寐錦)은 미질기지파진간기(微
> 叱己知波珍干岐)를 인질로 하고, 金銀彩色 및 綾羅縑絹을 가지고 80척의 배에
> 실어 官軍을 따라가게 했다. 이로써 신라왕은 항상 배 80척의 調를 일본국에
> 바친다. 이것이 그 연유이다. 이에 고려, 백제 두 나라 왕은 신라가 圖籍을 거
> 두어 日本國에 항복하였다는 것을 듣고, 몰래 그 군세를 엿보게 하였다. 도저

히 이길 수 없다는 것을 알고는 스스로 營外에 와서 머리를 땅에 대고 "금후는 길이 西蕃이라 일컫고 朝貢을 그치지 않겠습니다"라고 말하였다. 이로 인해 內官家屯倉을 정하였다. 이것이 소위 三韓이다. 황후는 신라에서 돌아왔다.

[일본서기 신공황후 섭정전기 중애천황 9년10월조]

신공의 삼한정벌 설화의 성립 시기는 660년 백제멸망 후의 齊明천황의 백제구원군 파견 이후 일본고대의 국가의식의 고양과 함께 실질적인 사서 편찬이 개시되는 지통조의 시대이다(나행주, 2011). 이 시기에 성립한 신공전설은 이후 일본인의 대외인식의 근간이 되어 지대한 영향을 미치고 있다. 즉 고대 對한반도 번국관·굴절된 대외관의 뿌리, 중세 대외인식의 토대, 근세 국학자들의 조선인식의 원점, 근대 식민지지배의 근거, 현대 재일조선인에 대한 편견으로도 작용하고 있다(연민수, 2013).

이 기기신화로 성립된 신공전설은 이후 지속적으로 계승·전승과 변용을 통해 중세를 거쳐 근세, 근대에 이르고, 현대에 있어서도 여전히 역사교과서를 통해 살아 숨 쉬고 있다. 우선, 그 과정을 각 시대의 관련 문헌 및 시각자료를 통해 확인해 나간다. 다음으로, 조선신궁과 신화전설의 관련성을 천조대신과 신공황후를 통해 살펴보기로 한다. 요컨대 기기신화와 신공전설이 근대의 정한론, 일선동조론, 내선일체론, 나아가 조선신궁과 어떻게 관련되는지 검토하는 데 목적이 있다.

1) 고대의 신공설화의 계승

우선 신공전설의 성립기라 할 수 있는 지통기의 지배자층의 의식을 살펴보면, 持統紀 3년<689>5월갑술조에 다음과 같은 내용이 확인된다.

즉 689년에 래일한 신라사에 대해 왜국조정은, 천무천황의 상을 전하기 위해 파견한 견신라사에 대한 신라 측의 대응이 부족했다는 점(관위가 낮은

자가 응대)을 문책했을 때, 신라는 '우리나라는 일본의 먼 황조 대부터 배를 연결해 키가 마르는 일이 없도록 와서 봉사하는 나라이다'라고 칭하고 있는 나라이기 때문에, 금후에도 더욱 왜국에 대해 예를 다하도록 하라고 지시하고 있는 것이다. 여기에 신라를 종속국·조공국으로 간주하는 의식이 잘 나타나 있고, 그 근거로 내세운 것이 다름 아닌 신공황후 시대의 신라정벌과 그 결과로서의 80선의 배에 가득 調物을 실은 끊임없는 조공 약속이다.

한편, 8세기 이후에 성립한 율령과 일본서기의 대외인식이 7세기 후반의 持統朝에 만들어진 소위 신공황후의 삼한정벌담에 근거를 두고 있는데, 이러한 고대일본의 대외관·대외인식의 기저는 『속일본기』 이하의 6국사의 대외인식으로 이어지고 있다. 예를 들면 752년에 來日한 신라왕자 김태렴의 경우[1]나 779년에 파견된 신라사 김난손[2] 등에 대한 왜국(일본)조정의 대응에서도 그대로 계승되고 있음을 확인할 수 있다. 요컨대 나라시대의 대외인식으로서 신라(혹은 발해)가 일본에 복속해야 하는 역사적 근거로서 신공황후의 삼한정벌 이래의 한반도제국의 복속과 조공을 내세우고 있는 것이다.

나라·헤이안 시대의 일본서기 강독·강서를 통한 계승

일본서기가 편찬된 직후인 양로(養老) 5년(721)부터 강보(康保) 2년(965)까지 일본 조정에서는 모두 7차례의 강서가 행해지면서 서기의 신공전절에 기초한 한반도제국에 대한 번국관이 지배계층의 뇌리에 각인되어 나갔다.

2) 중세의 신공전설

고대일본의 대외인식 특히 한반도제국에 대한 인식을 왜곡·굴절시킨 신

---

1) 『속일본기』 天平勝寶4년6월14일조.
2) 『속일본기』 寶龜10년4월21일조 이하 참조.

공전설의 생명력은 시대가 바뀌어도 여전히 지속되어 중세[3]로 이어지는데, 여기서는 중세일본의 對고려인식에 영향을 끼친 중세시대의 사료에 남아 있는 신공의 모습을 제시해 두기로 한다.

(1) 가마쿠라시대의 ≪八幡愚童訓≫(14세기초 성립)

가마쿠라시대 중기 후반에 성립한 것으로 보이는 팔번신의 영험과 신덕을 설파한 사사연기이다. 제목은 몽매한 아이들도 알 수 있도록 쉽게 쓴 것이라는 의미. 이 ≪八幡愚童訓≫는 팔번신의 유래, 인업을 통해 신덕을 설파한 연기로서 상하 2권이 남아 있는데, 이 가운데 상권에는 신공황후와 관련된 설화가 실려 있다. 즉 신공황후의 삼한정벌과 신공의 아들이자 팔번신이 된 응신천황의 사적, 몽고군의 1차 침공인 文永의 역(1274년)에서 팔번신의 수호와 자비가 있었다는 점 등이 기록되어 있다. 그 내용을 소개하면 다음과 같다.

중애천황의 시대, 이국에서 귀신과 같은 모습으로 몸은 적색이고 머리는 8개인 '진륜이라고 하는 자'가 검은 구름을 타고 허공을 날아 일본에 내침해서 인민을 살해하였다. 중애천황은 신공황후와 5만의 군병으로 장문풍포에 이르러 진륜과 맞서 사살하는 데 성공하였다. 그러나 자신도 유시에 맞아 신공황후에게 이국토벌을 유언하고 죽었다. 천조대신이 신공황후에게 빙의해서 삼한의 대군세의 내침이 가까워짐을 고하였다. 48척의 선박을 만들고 수부역으로서 주길명신의 조언으로 해저에 사는 안담기량을 소환하였다. 주길명신의 제안에 의해 차갈라용왕이 가진 조류의 간만을 자유로이 조종하는 한주, 만주 2개의 구술을 받았다. 출산이 임박한 신공황후는 고량명신의 손이 되는 방패를 소지하고 대마에서 돌을 허리에 차고 바다를 건넜다. 이적은 10만 8

---

3) 중세일본의 대외인식 즉 중세일본인의 한반도를 대상으로 한 타자인식, 타자성을 검토한 연구가 제시되어 있다(신미나, 「중세 일본의 자기 정체성과 타자성」, 『史林』 39, 수선사학회, 2011.6).

천척에 46만 9천 인의 군세인데 비하여 일본은 그 1,000분의 1에도 미치지 않는데, 황후는 고량명신을 사자로서 개전을 고하였다. 이를 접한 고려국왕을 비롯한 대신과 백성들은 여자의 몸으로 적국을 공격해 온 것을 조롱하였다. 이에 황후가 한주를 바다에 던지니 바다는 육지로 변하고 이국의 군대는 배에서 내려 일본선을 공격해 왔다. 기회를 놓치지 않고 황후는 만주를 던져 "삼한의 적은 망해라."라고 하렸다. <u>이국의 왕과 신하가 앞으로 "일본군의 개가 되겠다."고 하고, 일본을 수호해서 매년 연공을 바치기로 약속하자 황후는 큰 바위 위에 화살로 "신라국의 대왕은 일본의 개다."라고 쓰고 귀국하였다.</u> 신라에서는 밀대의 수치라 해서 돌 명문을 없애려고 했지만 점차 선명하게 되어 지금도 지워지지 않았다.

(연민수, 2005, 199-200쪽)

(2) 남북조시대의 신공황후(「異國牒狀記」)

남북조시대인 1367년 왜구의 금압을 요청하기 위해 온 고려사와 그들이 가져온 牒狀에 대한 대응을 정리한 「異國牒狀記」[4]에는 對고려외교의 기본 자세·입장을 보여주는 다음의 기사가 실려 있다.

[고려국은 <u>신공황후가 삼한을 퇴치</u>한 이래로 오랫동안 우리나라에 <u>귀조하여 西蕃이</u> 되었고, 군신의 예를 다하며 매년 배 80척을 보내어 조공해 온 일이 상고에는 끊이지 않았다. 그런데 중고 이래로 大元國의 밑으로 들어가 그의 藩臣이 되었다. 그럼에도 어찌 舊盟을 잊을 수 있단 말인가. 운운]. (밑줄은 인용자)

즉 중세일본의 대외(고려)인식은 신공황후의 전설에 기초한 일본서기의 인식을 충실히 그대로 따르고 있는 것이다. 일본서기의 대외관이 그 성립으로부터 약 700여년이 지난 중세에도 여전히 일본인의 의식 속에 살아 생명

4) 이 사료에 대해서는 石井正敏, 「『異國牒狀記』の基礎的研究」, 『中央大學文學部紀要』 54號, 2009 참조.

력을 유지하고 깊게 뿌리내리고 있음을 말해준다.

이상의 두 사료를 통해 중세에 들어서도 여전히 신공황후의 삼한정벌 신화는 살아 있음을 확인할 수 있었는데, 이어 무로마치시대에 이르면 신공황후의 전설이 그림자료(에마키 繪卷)로 나타나 보다 시각적으로 읽는 이의 뇌리에 선명하게 각인되게 된다. 이 에마키가 최초의 신공황후 관련 시각자료가 아닐까 추측된다.

(3) 무로마치시대의 1433년 ≪神功皇后緣起≫·≪神功皇后緣起繪卷≫
　　[神功皇后繪卷 그림 참조]

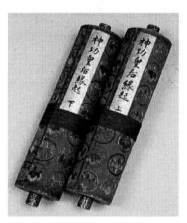

≪神功皇后緣起≫·≪神功皇后緣起繪卷≫

신공황후의 삼한정토와 宇佐와 石淸水 두 八幡宮의 창립기를 그림으로 그린 紙本着色의 繪卷(에마키)으로 2권으로 구성되어 있다. 오사카부 하비키노시의 譽田(곤다)八幡宮에 소장하고 있고 중요문화재이다. 하권 권말에 永享5년(1433)에 足利義敎가 기진했다고 적혀 있어서 그 제작연대가 판명된다. 명칭은 ≪신공황후연기≫로 칭해지고 있으나 그 내용은 八幡緣起라

할 수 있다.

   결국 신공황후의 삼한정토설화는 고대를 지나 중세의 무로마치 시대에
이르러 마침내 에마키모노(繪卷)의 주인공이 되면서 더욱 생명력을 얻게 되
었다고 할 수 있을 것이다.

藏 所 宮幡八山男 社大帶官   (物寶國)   物 雷 輪 俊 征 韓 三 后 皇 功 神

신공황후삼한정벌에마키모노(국보)   男山八幡宮

3) 근세의 신공전설

   신공황후의 삼한정토설화는 고대, 중세에 있어서 뿐만 아니라 근세에 이
르러서는 더욱 다양한 장르(시각자료)를 매개로 하여 일반에 유포되어 나간
다. 그 대표적인 것으로 우키요에(浮世繪)와 <백장전(百將傳)>이라는 문헌
을 들 수 있다.

   우선, 유키요에의 등장이다. 대표적인 '神功皇后浮世繪'로 다음을 들 수
있다.

歌川国芳(1798-1861) <神功皇后三韓征伐之図>
歌川国安(1793-1832)의 <神功皇后三韓退治圖>그림(1815-1830년 추정)?

후자에는 신공황후와 武內대신의 군선이 나란히 묘사되어 있고 상륙한
일본군이 고려국 대왕이라 표기된 궁성 앞에서 전투하는 장면이 그려져
있다.

神功皇后三韓退治圖會(메이지19년<1886>) 武內大臣과 함께
-≪백장전≫ 속 武內宿禰와 설명 일치

아울러 에도시대의 우키요에는 신공의 삼한정벌을 묘사한 것과 함께 히
데요시의 조선출병을 묘사한 <豊臣三韓征伐之図>(芳年 작, 慶應2년 1866)
도 널리 보급되었음을 알 수 있다.

특히, 주의를 요하는 점은 이러한 우키요에를 통해 豊臣秀吉의 조선침략
과 신공황후의 신라정벌을 일체화해서 파악하는 인식이 성립되는데 이러한
조선관은 江戸시대 幕藩制국가의 대외의식을 구성하는 중요한 계기가 되었
다(연민수, 2006, 204쪽)고 평가된다.

豊臣三韓征伐之圖 요시토시(芳年) 작, 1866년

다음으로 에도시대의 대표적인 요미모노(讀物)인 <백장전>을 통해 신공
전설이 더욱 유포되었음을 확인할 수 있다.

근세 에도 시대는 상업 출판이 꽃핀 시기로 고대와 중세의 군사적 영웅
들은 상업 출판의 좋은 소재였다. 고·중세에도 군사적 영웅과 전쟁 이야기
를 다룬 "군기 이야기(軍記物語)"라는 장르가 존재했으나, 근세에는 "군기
이야기"라는 명칭에 포섭되지 않는, "전기(戰記)"라고 총칭할 수 있는 다양
한 장르와 형태의 문헌에서 이들 영웅과 전쟁의 이야기를 다루고 있다. 그

가운데, ≪백장전(百將伝)≫라는 문헌군
이 존재하여 그 속에 100명의 군사적 영
웅의 이름과 행적이 담겨 있다.

결국 신공황후의 삼한정토설화는 고대
를 지나 중세에 있어서 뿐만 아니라 근세
에 이르러서는 일반에 널리 유포된 '우키
요에'와 아울러 군사적 영웅들의 전기라
할 수 있는 ≪백장전≫ 문헌군을 통해서
더욱 대중화 되게 된다고 할 수 있을 것
이다.

≪백장전≫

근세의 조선관 2종류

하타다(1969)의 연구에 따르면 에도시대에는 우호선린의 조선관, 그 반대
의 조선관이 존재했는데, 후자는 물론 고대이래의 한반도 번국관의 충실한
계승에 그 특징이 있다고 한다. 그리고 이러한 후자의 인식이 앞에 제시한
우키요에나 백장전의 묘사에 그대로 투영되어 있다고 할 수 있다.

이하, 그 특징을 소개하면 다음과 같다. 즉 에도시대의 유학자들에게 있
어 조선의 학자 학문에 대한 존경의 念이 있었던 반면 조선에 대한 우월감
도 존재하고 있었다고 한다. 그것은 일본의 건국신화와 전설에 기초한 오랜
전통적 의식이다. 에도초기의 미토학파는 조선의 사서 동국통감을 편찬했
는데 그 서문을 쓴 林羅山의 아들인 林春齋는 "조선은 스사노오노미코토(素
戔嗚命)가 거쳐 간 곳이며 미코토는 삼한의 祖이다."라고 적고 있다. 이는
후대의 일선동조론과 같은 주장으로 태고에 있어서의 일본의 조선지배를
상정한 것이며 조선에 대한 일본의 우월감을 나타낸 것이다. 이러한 의식은
記紀가 만들어진 시대부터 고대·중세를 거쳐 존속해 왔고 에도시대에도 이
어져 오고 있다. 新井白石과 같은 유학자도 태고에 있어서의 일본의 조선지

배를 주장했다고 한다.

조선에 대한 일본의 우월적 지위를 가장 강력하게 주장한 인물들이 국학
자들이다. 그들은 일본고전의 우수성을 발견하고 거기에서 神國일본의 모
습을 찾아냈는데, 그들의 조선에 대한 인식은 태고에 일본의 신과 천황이
조선을 지배하고, 혹은 일본의 신이 조선의 신 내지는 왕이 되어 조선의 왕
과 귀족이 일본에 복속했다고 이해했다. 국학자는 건국 기원에까지 거슬러
올라가 일본의 조선지배를 주장했다. 이러한 국학자들의 조선관은 후대에
중대한 영향을 미치게 되는데 메이지 이후, 일본의 대륙진출의 과정에서 특
히 합병 후의 조선지배의 시기에 일본의 조선침략의 유력한 관념적 지주가
되었다. 일선동조론은 바로 이 국학의 전통을 이은 것이었다. 막말의 저명
한 요시다 쇼인은 ≪幽囚錄≫ 속에 "조선을 책하여 납질 봉공하게 하여 옛
날의 盛時와 같이 만들어야 만 한다."고 주장하고, 平野國臣은 <回天管見
策>에서 "우선 3한을 치고 나아가 임나에 부를 세워 이로써 다시 先規를
부활시키자"고 주장하고 있다(하타다, 15-16쪽).

이상에서 그 모습을 확인한 에도시대 말기의 국학자들의 조선인식은 그
뿌리를 기기신화와 신공전설에 두고 있으며, 이러한 인식은 근세의 大日本
史, 근대 초기의 정한론, 그리고 메이지시대의 교과서에 그대로 이어지며,[5]
특히 신공설화는 고대에서 근대에 이르는 일본인의 역사인식·대외의식의
원천이자 근거이며 신앙이라 할 수 있다.

4) 근대-교과서 속의 신공설화·천조대신

근대일본은 일본 국민의 역사를 새로 만들어 교육하는 시대이다. 1903년

5) 이에 관해서는 연민수, 「신공황후 전설과 일본인의 對韓觀」, 『한일관계사연구』 24,
2006, 17~23쪽 참조.

에 제1기 국정 역사 교과서로 ≪소학일본역사≫가 등장하여 일본의 역사를 記紀의 신대에 보이는 황조대신(천조대신)부터 서술하면서 신칙과 3종의 신기를 강조하였고, 신무천황, 일본무존, 신공황후의 서술로 이어지면서 일본의 신화와 전설을 황국사관에 기초한 역사 교육이 진행되었다.

이하, 메이지초기의 교과서에서 국정 교과서 체제로 들어가는 1903년의 제1기부터 제6기까지의 교과서 내용을 소개하기로 한다.

메이지초기의 1891년(메이지24)의 교과서

메이지시대인 1891년의 교과서 ≪日本歷史≫(明治24年<1891>)에 나오는 삼한조공 내용이다. 정한론을 바탕으로 기기에 나오는 신공황후의 삼한 정벌을 역사적 사실로 기술하고 있다. '삼한조공'이라는 타이틀 아래 다음과 같은 내용과 함께 삽화가 들어 있는데 신공황후에게 머리를 조아리는 신라왕을 비롯한 삼국의 왕의 모습을 그리고 있다.

내용은 "무내숙녜와 논의하여 군사를 이끌고 바다를 건너 신라국에 이르렀다. 신라왕은 크게 놀라 나와서 항복하였고, 고구려와 백제 두 나라도 또한 두려워하여 함께 항복하였다. 이로써 그 나라의 여러 가지 수많은 보물 (물건)들을 많은 배에 실어 돌아왔다. 이후로 신라·고구려·백제 3국은 오랫동안 우리나라에 복속되어 조공해 왔다. 이 삼국을 함께 삼한이라 부른다. 지금의 조선 땅이다. 학문 및 예술 등이 삼한에서 전해져 우리나라의 문명화를 도왔다."

이 교과서의 내용은 일본서기 신공기의 내용을 그대로 요약한 것이라는 점은 두말할 나위가 없다. 이하에서 소개하는 전전의 교과서 내용은 일본서기 신공기의 기사의 요약으로 위의 메이지 초기의 교과서 내용과 대동소이하다.

이하, 1903년부터 1943년의 교과서에 등장하는 신공황후 관련 부분을 적시하면 다음과 같다(이하, 연민수, 2005 참조).

- 1기(1903)-신공황후의 삼한정벌과 관련된 기사
"일찍부터 우리나라에 종속하고 있던 임나라고 하는 소국도 있었다. 황후가……무내숙녜와 협의하여 바다를 건너 신라에 이르니 신라왕은 크게 두려워하여 곧바로 항복하였다. 이로부터 백제도 고구려도 모두 우리나라에 종속하였다."

- 2기(1909)
"황후는……바다를 건너서 신라를 정벌하였다. 신라왕은 황위의 대단함을 보고 크게 무서워하여 항복해 오고 태양이 서쪽에서 뜨고 강물이 거꾸로 흐른다 해도 반기를 들지 않겠다고 맹세하였다. 그 후 백제 고구려 두 나라도 우리나라에 항복하였다."

- 3기(1920), 4기(1934)
"신라왕은 크게 두려워하여 '동방에 일본이라는 신국이 있고 천황이라는 훌륭한 임금이 있다고 들었다. 지금 오는 것은 필히 일본의 신병일 것이다. 어떻게 막을 수 있을 것인가.'라고 하였다. 곧바로 백기를 들어 항복하고……"(3기)

- 5기(1940), 6기(1943)

"기세가 충천한 병사 중에는 왕을 죽이려고 하는 자도 있었지만, 황후는 그것을 저지하고 항복을 허락하시고……"

"일본이 훌륭한 나라임을 알고 그 후 반도에서 건너 온 사람들이 점차 많아졌다. 이와 같이 국내가 안정되고 황위가 반도에까지 미쳤던 것은 오로지 신들의 보호와 왕실의 은덕에 의한 것이다."

현실의 한국지배와 한민족말살정책을 위해 고대의 가공된 사상, 내선일체와 일선동조론으로 포장된 이론으로 식민지정책을 적극적으로 추진해 갔던 것이다.

아울러 ≪國史槪說≫(문부성, 1943)의 '신공황후의 정한' 부분에서

"우리 국민의 반도 진출, 임나의 구원에 이어 이윽고 반도 전체에 황위가 떨치게 되었다. 즉 중애천황이 강원궁에서 붕어하신 후 신공황후는 신라정벌의 군을 일으키셨다. 이리하여 황후는……친히 군선을 이끌고 대마의 화이진을 출발하여 순풍을 타고 신라로 향하셨다. 군선이 바다에 꽉 차고 깃발이 나부끼는 기세에 신라왕은 드디어 황군의 위세에 굴복하여 내관가로서 오랫동안 조공을 태만하는 일이 없다고 맹세하고 지도, 호적, 보물 등을 바쳤다. 이어서 고구려와 백제 2국도 이 소식을 듣고 우리에게 투항하였다. 또 임나에서는 이 시기 임나일본부가 설치되었다. 반도에서 우리나라의 위세는 이보다 크게 떨쳐 임나를 본거로 하여 신라를 억압하고 백제, 고구려에까지 지배력을 미치게 되었다."

여기서는 신공황후에 의한 삼한정벌·복속과 임나일본부 설치에 의한 한반도 전체에 대한 지배가 고대의 역사적 사실로서 자리매김 되고 있다.

나아가 동서는 한국병합과 관련해

"흠명천황의 시대 우리나라는 임나부를 철퇴하고 천지천황의 어대 우리 속국인 백제가 멸망하고 나서 오랜 세월이 흘렀다. 지금에 와서 전 반도는 다

시 본연의 모습으로 회복하여 皇土로 화하게 되었다."라고 기술하고 있다.

한국강제병합을 본연의 모습으로 회복시킨 당연한 사건으로 간주하고 있는 것이다.

- 메이지시대의 회화자료
大日本史略圖會(大蘇芳年 화, 메이지12년(1879) 출판/安達吟光 畵 메이지31(1898)년 출판)

大日本史略圖會-제15대 신공황후 大蘇芳年 화, 메이지12년(1879)

신공황후 화폐 초상

3. 일선동조론·내선일체와 기기신화

1919년 이후 일본제국의 조선통치의 기본원칙·방침은 '동화정책'이며, 동화정책은 천황숭배와 신사참배 등의 황민화정책·신민화정책으로 귀결된다. 그리고 천황숭배는 황국신민의 誓詞의 낭독, 신사참배는 조선신궁의 참배 강요로 이어진다.

일선동조론은 근대 일본제국주의의 조선에 대한 식민지지배의 정당성, 더 나아가 적극적인 동화와 황민화 정책의 추진 즉 내선일체의 필연성의 담보로 작용하고 있다. 대표적인 주창자인 喜田貞吉의 일선동조론의 중요한 근거의 하나는 기기신화이다. 즉 신대기 상의 스사노오노미코토[소잔오명(素戔鳴命)]의 소시모리 강림과 그 이후의 행동을 전하는 다음과 같은 내용이다.

"소잔오존은 그 행상이 난폭하기 그지없었다. 그러므로 신들이 그 벌로 많은 공물로 속죄하도록 하고 소잔오존을 고천원에서 쫓아내었다. 그래서 소잔오촌은 그 아들인 오십맹신을 데리고 신라국으로 내려와 증시무리라는 곳에 있었다. 그리고서 큰 소리로 '이 땅은 내가 있고 싶은 곳이 아니다.'라고 외쳐 말하며 진흙으로 배를 만들어 타고 동쪽으로 항해하여 출운의 파천 상류에 있는 조상봉에 이르렀다."<중략>

"처음에 오십맹신이 하늘에서 내려왔을 때 많은 나무 종자를 가지고 왔다. 그러나 그것을 한지에는 심지 않고 다 가지고 돌아왔다. 축자를 비롯하여 모든 대팔주국에 점차 심어서 나라 전체에 푸른 산이 되지 않는 곳이 없었다."

"소잔오존이 '한향의 섬에는 금은이 있다. 내 아들이 다스리는 나라에서 그곳으로 건너가려 해도 만약 부보가 없다면 건널 수 없을 것이다.'라고 말하고 얼굴에 있는 수염을 뽑아 흩어지게 하니 곧 삼나무가 되었다."<하략>

근대일본의 일선동조론은 신화세계의 중시 즉 기기신화가 중요한 근거이며 그 주인공이 바로 素戔嗚命과 天照大神, 그리고 神功皇后이다.

일선동조론은 日鮮同種論·日鮮同域論 등으로도 불린다. 한편에서는 태고에 있어서의 일본과 조선의 일체불가분의 근친성을, 동시에 다른 한편에서는 일본의 조선에 대한 지배적 지위를 주장하는 것으로 말하자면 일본의 조선에 대한 가부장적 지배관계를 일본사·조선사의 시원으로까지 거슬러 올라가 주장하려는 것이다. 한편에서는 단순한 동문동종론이 아니라, 일본인과 조선인은 동일의 조상에서 나온 가까운 혈족이며 또한 거주 지역을 함께 하여 국토에 구별이 없는 관계이며, 언어, 풍속, 신앙, 습관 등도 본래는 하나였다. 따라서 일가·일족의 피로 연결된 근친성을 주장한다. 동시에 일본인이 조선에 가 조선인이 되고, 일본의 신이 조선으로 옮겨가 조선의 신이되었으며, 또 일본인과 일본의 신이 조선의 국왕이나 건국신이 되었으며, 조선인은 일본에 투항·귀화해 일본인이 되었으며, 천황의 대가 되어 신공황후가 삼한정벌을 단행하여 조선을 신속시키는 등 조선은 태고부터 일본에 복속하고 있었다고 주장한다. 이 일선동조론에서는 조선은 일본에 있어서는 외국이 아니다. 대등 혹은 대립하는 외국 또는 타민족이 아닌 일본 혹은 일본인 속에 포괄·흡수되어야 할 대상이다. 일본에 대립하는 형태로 일본의 지배하에 있는 것이 아니며, 그 독자적 존재를 부정함으로써 마땅히 일본의 지배하에 들어와야 하는 존재였던 것이다.

일선동조론의 원류는 직접적으로는 에도시대의 국학이었다. 그러나 더 거슬러 올라가면 神皇正統記, 더 나아가 記紀에 이르게 되는 매우 뿌리가 깊은 인식이다(하타다, 36-37쪽). 주요한 논거는 기기의 신화와 기술에 근거하여 신대로부터 일본은 한국을 일본의 본토와 같이 지배했다는 것인데, 현실의 한국병합은 태고에 일본의 신이나 천황이 한국을 지배했던 것의 재현이며 역사 본래의 모습으로 되돌아오는 것이라는 학설이다(연민수, 2006, 210쪽).

이러한 일선동조론은 일본이 조선을 합병하는 단계가 되면 더욱 강하게 주장된다. 특히, 喜田貞吉의 주장이 주목되는데, 그는 병합을 본래 있어야할 일본과 조선의 가장 자연스러운 모습이라고 말하고 있다. 나아가 그는 <일선양민족동원론>(≪민족과 역사≫ 6권1호)이라는 논문에서 고고학적 유물, 문헌, 언어, 신화, 풍습 등 다방면에서 동원·동조를 논하고 있다. 이를 통해 일본의 조선지배의 정당성과 일본에 반항하는 민족독립운동의 부당성을 주장하고 있다.

나아가 ≪한국의 병합과 국사≫에서는 다음의 결론에 이르고 있다.

"한국병합은 실로 일한의 관계가 태고의 상태로 복귀한 것이다. ……한국은 실로 빈약한 분가이며 우리나라는 실로 부강한 본가라 할 수 있다. ……분가는 자신의 힘으로 훌륭하게 집을 유지할 실력이 없다. ……이에 반해 본가는 선조 이래의 가훈을 지켜 일가는 더욱더 번창 한다. ……그래서 당인도 복귀를 희망하고 본가도 기꺼이 이를 받아들였는데 즉 한국병합이다. ……하루 발리 일반국민에 동화하여 함께 천황폐하의 忠良한 신민이 되지 않으면 안 된다. 이것이야 말로 그들 자신의 행복일 뿐만 아니라 그들의 원조의 유풍을 현창하는 길이다."

4. 신공황후와 조선신궁

주지하는 것처럼 식민지 조선에 있어 조선신궁의 건설과 참배는 황민화
정책, 내선일체를 관철시키기 위해 창씨개명 등과 함께 추진한 대표적인 식
민지정책이다. 조선신사로 출발한 조선신궁은 그 주제신으로 1919년 天照
大神과 메이지천황으로 결정되었다. 천조대신은 기기신화에 등장하는 일본
황실의 조상신으로 현재 이세신궁에 모셔져 있고, 메이지천황은 근대일본
의 탄생을 상징하는 인물이자 대일본제국의 중심인물로 메이지신궁에 모셔
져 있다. 이후 신사참배의 장려, 그리고 강제가 이어진다.

조선신궁약사

1910년에 한일 병합 조약이 체결된 후 조선총독부는 조선에서 일본의 식민행정, 황민화 정책을 추진하기 위한 목적으로 각 지역에 관립 신사를 세우고 민간 신사도 지원하는 방식으로 신토를 장려.

1912년부터는 조선신궁(신사) 건립 예산을 편성하여 경성부 남산 한양공원에 자리를 정함.

1919년 7월에 주제신을 일본 건국신인 아마테라스 오미카미와 메이지 천황으로 하는 조선신사 창립, 관폐대사로 하는 칙지를 내림.

1920년에 기공식을 갖고 15개의 건물과 돌계단, 참도 등을 조성.

1925년에는 조선신사에서 조선신궁으로 명칭이 바뀌었고, 10월 15일에 진좌제 행사 개최.

(1925년 당시에는 여의도 면적의 두 배에 가까운 43만 제곱미터의 대지 위에 15개의 건물이 존재)

1930년대 후반(1937)부터는 전쟁 시국을 맞아 총독부가 신궁 참배를 강요하여 참배객이 크게 늘어남.

태평양 전쟁 종전 이튿날인 1945년 8월 16일에 일본인들은 스스로 하늘로 돌려보냄을 의미하는 승신식을 연 뒤 해체 작업을 벌였고, 10월 7일에 남은 시설을 소각.

이후 조선신궁 자리에는 남산공원이 조성되고 안중근을 기념하는 안중근 의사기념관이 건립.

京城名所 朝鮮神宮 The Chosen Shrine, Keijo.

朝鮮の守護神にして南山の中腹に位置し五年六ヶ月の歳月と二百萬圓の工費を投じて大正拾四年十年完成し棒神積座の儀をおひとり開して表參道の石段宜に三百八十五、東洋第一の勝ありと云ふ今や參道兩側の樹木繁茂し境内の蒼蒼愈々加り大京城市街を一望に收か得て風光派に佳組の地なり

조선신궁과 관련해 주목되는 점은 한때 신공황후와 도요토미 히데요시가 유력한 후보로 거론되었다는 사실이다.

그러면 왜 이들이 후보자로 논의가 되었을까. 마지막으로 그 배경 및 이유를 추구해 보기로 한다.

우선은 메이지초기의 정한론자의 영향이 가장 크게 작용하지 않았을까 추측된다. 메이지초기 정부요인의 대조선 우월의식의 전제는 물론 조선은 예부터 일본의 속국이라는 인식인데, 그 역사적 연원으로 인식되는 것이 기기신화와 신공전설이다. 특히 신공의 삼한정벌신화가 조선인식에 있어 그 출발이자 근거이며 대전제가 되고 있는 것이다.

메이지초기의 대표적인 정한론자의 한 사람인 佐田白茅(素一郎)는 정부에 제출한 건백서에서 격렬한 정한론을 주장하고 있는데(하타다, 1969), 그 일절에 다음과 같은 내용이 있다. 즉,

"조선은 응신(應神)천황의 삼한정벌 이래 우리의 부속국이다. 마땅히 우리

나라는 상고의 역사를 거울삼아 유신 중흥의 세력을 이용하여 조선의 무례를 정벌하고 이로써 우리의 판도로 복귀시키지 않으면 안 된다."

"신공이 삼한을 정벌하고 豊太閤이 征韓役을 일으킨 것은 모두 그 不庭(不庭)을 책하기 위한 것이었다. <중략> (메이지)6년의 정한론도 또한 상고의 신성한 遺圖를 이어받아 이로써 국가의 대계를 정하고자 한 것이었다."

여기서 무엇보다 주목되는 점은 특히 신공황후의 삼한정벌과 히데요시의 조선정벌, 그리고 사이고 다카모리의 정한론이 거론되고 있다는 사실이다. 신공-고대-삼한정벌, 풍신-근세-조선정벌, 나아가 사이고 다카모리-근대-정한론이 역사의 필연으로서 상호 대비·강조되고 있음을 알 수 있다.

풍신수길의 조선침략과 신공황후의 신라정벌을 일체화해서 파악하는 조선관은 에도시대 막번제국가의 대외의식을 구성하는 중요한 계기가 되었다고 이해되고 있다(연민수, 2014, 204쪽). 즉 고대의 설화 전승이 새로운 의미로 상기되고 있다. 신화 전설 역사에의 회상이 조선침략을 정당화하고 고무시키고 있다. 이러한 발상양식은 (근현대의) 이후의 시대에 이르기까지 일본인의 마음을 구속시켜 예부터 일본이 정복 지배한 조선, 일본에 복종해야만 하는 조선이라는 잘못된 의식, 인식을 낳고 있는 것이다.

앞서 제시한 佐田의 주장(정한론의 정당한 역사적 근거로 들고 있는 신공의 삼한정토와 히데요시의 조선정벌)의 직접적인 배경은 에도시대의 다양한 회화자료의 유포·확산에 따른 결과로서 히데요시는 물론 신공황후에 대한 이해도 일반에 널리 퍼져 있었다고 할 수 있지 않을까.

그 일등공신은 연민수(2014)가 정리해 소개하고 있는 우키요에 속의 신공의 삼한정벌과 히데요시의 조선정벌 그림(우키요에)의 유포이며 이와 함께 에도시대에 유행했던 또 다른 장르의 ≪本朝百將傳≫의 영향도 있었을 것으로 추측된다.

이하, 백장전에 등장하는 주요 인물들을 소개하면 다음과 같다.

武內宿禰-300여 년 동안 景行에서 仁德에 이르는 6천황의 棟梁의 신하로

봉사하여 大臣이 되었고 신공의 삼한정벌 때에는 가장 커다란 공을 세웠다
고 특필되어 있다.

大矢田宿禰와 田道-신공황후의 삼한정벌, 인덕의 신라토벌 시 활약한 장
수로 기술되고 있다. 즉 "大矢田宿禰者 神功擊新羅時 衛之 將且 留守新羅."
"田道者 仁德時 討新羅有功."이라 보이는데, 이들에 대해서는 그 원전으로
서 ≪신찬성씨록≫에 관련기사가 있다.

大伴金村 부자-大伴金村과 狹手彦이 欽明천황 때에 명을 받아 군사를 이
끌고 바다를 건너가 三韓을 破했다고 기술하고 있다. 大伴 부자에 대해서도
서기의 흠명기에 관련 기사가 있다.

朴市田來津-천지천황의 명으로 백제를 구원하기 위해 건너가 백강에서
당병과 대전하여 분투하였으나 사망하였다고 설명하고 있다.

이상에서 소개한 백장전의 인물들은 실존인물과 함께 전설상의 인물이
등장하고 있고, 그와 함께 신공황후의 시기나 보다 후대의 인덕조의 일로
신라정벌이 이야기되고 있다.

[참고로, 삼한정벌의 주인공에 대해서는 신공과 웅신의 일체화와 함께 신
공=인덕의 일체화, 달리 말하면 주체에 대한 혼란이 야기되고 있다. 메이지
시대에 있어 삼한정벌의 주인공은 웅신과 신공으로 나오고 있다. 즉 삼한정
벌의 주체는 신공=웅신, 신공과 웅신의 일체화가 이루어지고 있다. 이러한
인식은 이미 에도시대의 자료를 통해서도 확인된다. 한편으로, 에도시대의
백장전 속의 오오야타숙녜와 전도(田道)의 사례(後揭 백장전 자료 참조)에서
확인되는 것처럼 그 주체를 신공=인덕의 삼한정토로 보는 인식도 존재하
고 있다.]

이러한 우키요에나 백장전 등과 같은 출판물의 확산을 통해 에도시대의
일반 서민인 초닌(町人)들에게도 신공황후나 武內대신, 천조대신과 스사노
오노미코토 등 記紀의 신화전설상의 인물들이 점차 과거(고대)의 먼 역사상

의 실존인물로 널리 받아들여지고 있었던 것이다.

결국 메이지시대의 인식과 함께 에도시대의 이러한 배경이 상호작용해 조선신궁의 주제신으로 신공황후와 豊臣秀吉이 유력하게 거론되지 않았을까 추측해본다.

5. 결어를 대신해

이상, 서언에서 언급한 본고의 문제관심과 관련해 기기신화와 신공전설이 고대에서 근대에 이르기까지 각 시대의 필요에 부응하면서, 고대의 지배층에서 근대의 일본국민에 이르기까지 각종 사서와 회화자료, 그리고 교과서를 매개로 면면히 이어지면서 존재해 오고 있음을 보았다. 아울러 조선신궁의 제신으로 신공황후가 유력하게 거론된 배경을 살펴보았다.

결국 신공황후의 삼한정토설화는 고대, 중세에 있어서 뿐만 아니라 근세, 근대, 현대에 이르는 일본인의 역사인식·대외의식의 원천이자 근거이며 신앙으로 작용하고 있다고 할 수 있다. 즉 일본서기의 대외관이 그 성립으로부터 약 1300여년이 지난 오늘날에 있어서도 여전히 일본인의 의식 속에 살아 생명력을 유지하고 깊게 뿌리내리고 있음을 말해준다. 참으로 끈질긴 생명력이다. 따라서 이를 극복하는 과정 또한 매우 지난한 작업이 될 것으로 예상된다.

그러나 그럼에도 불구하고 21세기의 객관적이고 보편타당한 역사인식을 위해서는 이를 극복하지 않으면 안 된다. 무엇보다도 일본인의 한반도에 대한 왜곡된 대외인식·역사인식을 바로잡기 위해서는 일차적으로 '신공황후'라는 원령으로부터의 해방, '일본서기사관'이라는 주박으로부터의 탈피가 절실히 요망된다고 하겠다.

금후의 과제로서 현대의 역사교육에 있어서 신화와 전설이 어떻게 다루어지고 있는지, 다음 세대의 의식(역사인식)을 좌우하는 역사교육의 문제와 관련해, 특히 근년에 아베정권 하에서 새롭게 개정된 일본의 교육기본법의 가장 중요한 핵심사항인 애국심과 전통중시와 관련해서도 필히 살펴볼 필요성이 있을 것이다. 이에 대해서는 기회를 달리하기로 한다.

[그림 자료]

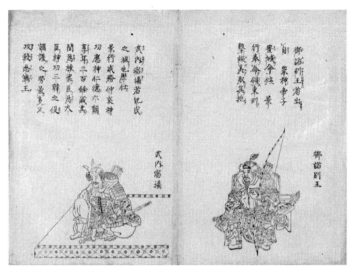

무내숙녜(武內宿禰) −三韓之役에 참가 최대의 공로자

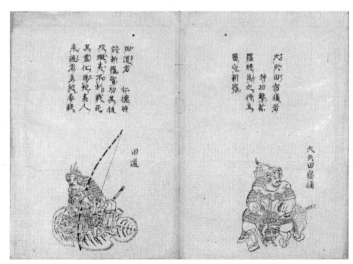

오오야타(大矢田)숙녜−신공의 신라 공격 시, 신라에 진수
다미치(田道)−인덕(仁德)의 신라 토벌 시 공적

대일본사약도회-메이지 31년(1898) 安達吟光 畵

엽서 신공황후와 武內숙녜의 삼한정벌과 삼한의 조공

천조황태신=천조대신과 신공황후 〈神功皇后三韓征伐御調燈之圖〉長谷川光信?

쇼와시대의 교과서 ≪국사개설≫

토론문

「근대일본에 있어서 신화와 전설의 역사화」
- 기기(記紀)신화와 신공(神功)전설의 실체와 변용

연민수 | 부경대학교

본 발표는 일본고대국가성립기에 출현한 『고사기』, 『일본서기』에 보이는 신화, 전설이 일본근대사학이 어떻게 역사화해 나갔는가를 관련사료의 검토를 통해 논증하였다. 신공황후전설을 비롯하여 니시키에라고 하는 다색 판화에 나타난 그림의 형상, 화폐, 교과서내용, 신사 등 다방면에 걸쳐 검토하였다. 특히 고대의 사료를 통해 근대사학의 한국관을 살펴본 것인데 대부분 동의하는 내용이며 특별히 반론이나 문제제기할 내용은 없다. 신공황후 문제는 역사적으로 일본지배층의 한국관을 형성하고 근세이후에는 대한 우월의식, 멸시관으로 이어지고 근대의 침략기에는 절정에 이른다. 즉 고대에 형성된 왜곡되고 굴절된 대한 복속사관은 신공황후라는 인물을 통해서 계승되고 근대에 한국지배의 역사적 정당성을 주장하는 근거가 되었다.

국내에서 한국고대사 연구자들의 일반적인 고대한일관계사를 보는 시각은 일본근대사학이 왜곡된 고대사상을 만들어냈다는 이른바 '만들어진 고대'라는 인식이 있으나 이것은 역으로 해석해야 한다. 말하자면 고대의 왜곡된 사료를 근대사학이 그대로 받아들인 결과이다. 요컨대 근대의 식민사학은 고대의 식민사학의 계승이라는 점이다. 그런 면에서 본발표의 기기신화, 전설에 나오는 왜곡된 사료의 역사적 계승성을 분석한 것은 중요하다.

메이지유신과 관련하여 일본근대를 고대의 일본과 유사점을 지적하는 시각이 일본학계에 강하게 존재한다. 이른바 메이지유신을 제2의 대화개신이라고 하는 견해가 일찍부터 있었고, 그후 대화개신이 일본 천황제 율령국가법전인 대보율령의 조문을 모방하여 만들었다는 학설이 나온 이후로는 대일본제국헌법의 공포를 대보율령의 반포와 비교하는 흐름이 나왔다. 대보율령에서 천황은 율령의 규제를 받지않는 초법적인 존재라는 점에서 근대천황제와 유사점이 지적되고, 견당사를 통해 고대일본의 문명화를 추구했고, 근대일본의 탈아론, 구미사절단, 서구지향의 문명개화운동과 역사적인맥락을 같이한다는 것이다. 그러나 고대의 경우, 7세기이전에는 백제, 신라의 통일 이후에는 신라로 문물의 수용, 문화적 영향이 무시, 간과되어 있어비교사적의 문제점을 남기고 있다.

기기신화의 아마데라스오미카미는 근대의 만세일계의 천황가의 신성성과 일본민족의 단일성을 주장하는 재료이지만, 동시에 이 시기의 일선동조론과는 충돌되는 현상이기도 하다. 일선동조론를 주장하기 위해 양민족의유사성이 연구되고, 도래인문제, 형질인류학, 고고학적인 비교연구가 진행되었는데, 크게 보면 일선동조론도 침략주의사관이라는 점에서 공통한다.

일본사학의 한일관계연구에 있어서 고대와 근대는 분리할 수 없는 일체성을 갖는 특징이 있으며 시공을 초월하여 연결을 보이고 있다. 고대를 통해 근대를 해석하고 근대의 상황을 고대에 비유하기도 한다. 특히 신공황후문제는 시대적 계승성이 강하여 일본인의 한국관 형성이 대단히 중요한 역할을 하고 있다. 한 인물이 전시대를 통해 이러한 경향성을 보이고 있는 것은 유례없는 일로서 역사적으로 일본인의 대한인식, 정신세계를 규제해 왔다. 일본근대사학의 고대사인식과 관련된 다양한 사례를 추출하여 분석하면 보다 체계적인 연구성과가 나오지 않을까 생각한다. 향후 고대사와 근대사 연구자의 공동작업이 필요한 주제라고 생각된다.

2주제

강화도 조약의 재검토

- 메이지 유신 이후 조일간 외교 교섭과『丙子擾錄』

박한민 ┃ 동국대학교

1. 머리말

강화도 조약으로 더 잘 알려져 있는 조일수호조규는 개항 이후 조일관계
가 개편되어 나가는 하나의 출발점으로 많은 주목을 받아 왔다. 개항장 설
치와 인구 이동, 외교공관 설치, 통상활동을 통한 무역의 증가 등으로 정치
경제적, 사회적으로 조일 양국에 많은 변화를 가져다주었기 때문이다. 여기
에는 세계 자본주의 체제로의 편입, 서구 열강과 청일의 주도권 경합, 근대
국민국가 수립 등의 여러 가지 요소가 조선 내에서 복합적으로 작용했다.
그러한 계기를 제공한 것이 바로 조선과 일본이 1876년 2월 체결한 조일수
호조규였던 것이다.

조선이 개항을 맞이하게 된 과정에 대한 연구는 1930년대부터 시작되었
다. 조선의 개항 과정을 다루면서 1876년 일본과 체결한 조일수호조규를 통
한 조일 양국 관계의 변화, 그리고 조선이 구미열강에 대하여 최초로 문호
개방을 하게 된 조미수호통상조약에 대하여 당대부터 접근이 가능해진 외
교자료에 입각하여 분석을 시작하였던 것이다.[1] '쇄국'하고 있던 조선이 개

항을 하여 '독립국'이 될 수 있는 단초는 어디에 있었으며, '종주권'을 가지고 있던 청국이 조선에 대한 영향력을 상실하게 되는 계기는 무엇이었는지, 그리고 여기서 일본의 역할은 무엇이었는지를 탐색하는 작업이었다. 이 가운데 조일 간 교섭과정과 조약 체결을 상세하게 논한 연구자는 다보하시 기요시(田保橋潔)였다.[2] 다보하시는 이 책에서 일본이 외무성을 설치한 이후 동래부 왜관을 접수하게 된 과정에서부터 출발하여, 정한론 정변 당시 메이지 일본 정부의 조선문제에 대한 논의 과정, 운요호(雲揚號) 사건의 전개와 조일수호조규 체결, 이후 청일전쟁으로 가는 과정까지 통시적으로 조일 양국의 방대한 자료를 제시하면서 상세하게 분석하였다.

이후 조선 개항에 대한 연구는 다보하시의 연구에 기초하고 있는 바가 크다. 다만 연구자의 조선에 대한 편견이 드러나는 대목이나, 전거를 달지 않고 서술한 부분, 자료 오독 등이 곳곳에 산재해 있기 때문에 비판적으로 검토하면서 접근해야 한다는 지적이 꾸준히 제기되고 있다.[3]

해방 이후 조일관계 연구는 조선이 체결한 조약 속에 내포되어 있던 불평등성을 지적하면서 일본의 제국주의적 성격과 침략성을 비판적으로 검토

....

1) 田保橋潔, 1934,「近代朝鮮に於ける開港の硏究」, 小田先生頌壽紀念會 編,『小田 先生頌壽記念朝鮮論集』, 大阪屋號書店; 奧平武彦, 1937,「朝鮮の條約港と居留 地」, 京城帝國大學法學會 編,『朝鮮社會法制史硏究』, 京城帝國大學法學會(『朝 鮮開國交涉始末』, 刀江書院, 1969 수록); 渡邊勝美, 1937,「朝鮮開國外交史」, 普 成專門學校 普專學會 編,『普專學會論集』3, 東光堂書店.

2) 田保橋潔, 1940,『近代日鮮關係の硏究』上・下, 朝鮮總督府中樞院(김종학 번역으 로 상권은 2013년, 하권은 2016년에 각각 일조각을 통해서 간행)

3) 박찬승, 2013,「다보하시 기요시(田保橋潔)의 근대한일관계사 연구에 대한 검토」, 『한국근현대사연구』67 ; 권인용, 2013,「1884년 "崔藥局命案(최약국명안)"의 解 體(해체)와 再編(재편) -田保橋潔(전보교결)의 연구에 대한 비판적 검토를 중심으로-」, 『史叢』80 ; 하지연, 2013,「다보하시 기요시(田保橋潔)의『근대일선관계의 연구』 와 한국근대사 인식」,『崇實史學』31 ; 현명철, 2015,「田保橋潔의『近代日鮮關 係の硏究』무엇이 잘못되었을까」,『韓日關係史硏究』51.

해 온 과정이었다.[4] 여기에는 외세의 침략과 경제적 수탈이 없었다면 조선
도 자주적으로 근대화를 달성할 수 있었을 것이라는 내재적 발전론으로부
터 받은 영향이 컸다. '개화파' 세력의 형성과 활동에 대하여 천착하는 연구
가 집중적으로 이루어졌던 것도, 불평등조약 체제 하에서 관세자주권을 획
득하려 한 조선정부의 노력과 좌절을 다룬 연구도 여기서 출발한 것이었
다.[5] 개항 100주년을 맞이했던 1970년대 이후로 조일수호조규를 다루는 연
구는 접근시각과 소재가 다양해졌다.

조일수호조규 체결 이전 시기를 다루는 연구들은 조선과의 교섭을 담당
하였던 쓰시마번(對馬藩)의 역할을 새롭게 설치된 일본 외무성이 접수하게
되면서 발생한 서계문제, 세견선 폐지 문제, 기유약조 체제의 붕괴과정 등
을 검토하였다.[6] 1875년 9월 강화도에서 포격을 벌인 운요호(雲揚號) 사건
과 관련하여 일본 측의 자료를 새로 발굴하여 이노우에 요시카(井上良馨)
함장의 보고서 조작, 이토 히로부미(伊藤博文)의 깊숙한 개입 가능성, 메이

....

4) 李瑄根, 1961, 『韓國史 : 最近世篇』, 乙酉文化社 ; 申國柱, 1965, 『近代朝鮮外交
   史』, 探求堂 ; 金義煥, 1966, 『朝鮮對日交涉史硏究』, 通文館 ; 金敬泰, 1975, 「不
   平等條約 改正交涉의 展開」, 『韓國史硏究』 11 ; 白鍾基, 1977, 『近代韓日交涉史
   硏究』, 正音社 ; 董德模, 1980, 『韓國의 開國과 國際關係』, 서울대학교출판부 ;
   李光麟, 1981, 『韓國史講座Ⅴ : 近代篇』, 一潮閣.
5) 金敬泰, 1972, 「開港直後의 關稅權 回復問題 -「釜山海關 租稅事件」을 中心으로-」,
   『韓國史硏究』 8 ; 夫貞愛, 1973, 「朝鮮海關의 創設經緯」, 『韓國史論』 1, 서울대학
   교 국사학과 ; 崔泰鎬, 1976, 『開港前期의 韓國關稅制度-1880年代를 中心으로-』,
   韓國硏究院 ; 李炳天, 1984, 「開港과 不平等條約體制의 確立」, 『經濟史學』 8.
6) 金義煥, 1966, 위의 책 ; 沈箕載, 1997, 『(幕末維新)日朝外交史의 硏究』, 臨川書店
   ; 현명철, 2003, 『19세기 후반의 對馬州와 한일관계』, 국학자료원 ; 김흥수, 2009,
   『한일관계의 근대적 개편 과정』, 서울대학교출판문화원 ; 石田徹, 2013, 『近代移行
   期의 日朝關係 : 國交刷新을めぐる日朝双方의論理』, 溪水社 ; 牧野雅司, 「明治維
   新期의 對馬藩과 「政府等對」論」, 『日本歷史』 766 ; 同, 2014, 「明治初期外務省의
   對朝鮮外交와 近世日朝關係」, 『朝鮮學報』 230 ; 현명철, 2016, 「기유약조체제의 붕
   괴 과정에 대하여」, 『韓日關係史硏究』 54.

지 정권 내의 정치세력 동향 등을 재조명하는 연구도 나왔다.7) 조약체결 자
체에 대한 연구의 경우 「조일수호조규」 체결 과정과 조일 양국의 대응논리,
조약 체결 과정에 깊숙이 관여한 실무자들의 역할과 인식,8) 조선의 지위문
제('自主', '屬邦', '宗主國'의 관계설정 문제)를 두고 이해관계를 갖고 있던
인접국들의 대응 등을 정치사와 외교사, 제도사의 시각에서 다방면에 걸쳐
규명하는 방향으로 이루어졌다.9)

　　1990년대 이후로는 기존에 반복되어 온, 조선 측이 당대의 국제정세와
조약에 무지하여 제대로 대처할 수 없었다는 지적을 재고하면서 조선 나름

....

7) 이태진, 2002, 「雲揚號 사건의 진상」, 최승회교수정년기념논문집간행위 편, 『조선
　　의 정치와 사회』, 태학사 ; 鈴木淳, 2002, 「「雲揚」艦長井上良馨の明治八年九月二
　　九日付け江華島事件報告書」, 『史學雜誌』 111-12 ; 김흥수, 2009, 「운요호사건과
　　이토 히로부미」, 『韓日關係史研究』 33 ; 김종학, 2016, 「조일수호조규는 포함외교
　　의 산물이었는가?」, 『역사비평』 114.

8) 이헌주, 2004, 「姜瑋의 開國論 研究」, 고려대학교 사학과 박사학위논문 ; 최진욱,
　　2008, 「19세기 海防論 전개과정 연구」, 고려대학교 사학과 박사학위논문 ; 제홍일,
　　2010, 「근대 여명기 일본의 조선정책과 宮本小一」, 『역사와 세계』 37 ; 김흥수,
　　2013, 「1875년 朝日交涉의 실패 요인」, 『韓日關係史研究』 45 ; 한승훈, 2015, 「19
　　세기 후반 朝鮮의 對英정책 연구(1874~1895)」, 고려대학교 한국사학과 박사학위
　　논문 ; 김종학, 2016, 「조일수호조규 체결과정에서의 오경석의 막후활동 : 개화당
　　기원의 재검토」, 『韓國政治外交史論叢』 38-1 ; 김종학, 2017, 『개화당의 기원과
　　비밀외교』, 일조각.

9) 朴日根, 1981, 『美國의 開國政策과 韓美外交關係』, 一潮閣 ; 石井孝, 1982, 『明治
　　初期の日本と東アジア』, 有隣堂 ; 유재택, 1993, 「開港期 朝鮮의 國際關係와 反
　　從屬論」, 단국대학교 사학과 박사학위논문 ; 金基赫, 2001, 「江華島條約의 歷史的
　　背景과 國際的 環境」, 『國史館論叢』 25; 岡本隆司, 2004, 『屬國と自主のあいだ』,
　　名古屋大學出版會 ; 廣瀬靖子, 1997, 「日淸戰爭前朝鮮條約關係考」, 東アジア近
　　代史學會 編, 『日淸戰爭と東アジア世界の変容』上, ゆまに書房 ; 안종철, 2016,
　　「19세기 '국제법'의 성격과 조일수호조규(1876)」, 『역사비평』 114 ; 유바다, 2016,
　　「1876년 朝日修好條規의 체결과 조선의 국제법적 지위」, 『한국근현대사연구』 78 ;
　　김종학, 2016, 「근대 일본의 조선 정책의 단면 : '자주지방(自主之邦)'의 의미와 그
　　해석」, 『현대사광장』 8.

의 논리와 입장에서 대응해 나간 내재적 맥락을 새롭게 조명하려는 연구가
활발하게 나오고 있다.[10] 아울러 그동안 그리 주목하지 않았던 조일수호조
규 조관 가운데 개항장 내에서 어떻게 운영되고 있었는지를 사안별로 규명
하는 작업도 진행 중이다.[11] 최근에는 역사학 전공자와 정치외교학 연구자
들이 공동으로 참여하여 조일수호조규 체결 과정과 그것이 갖는 역사적 의
미를 재조명하는 단행본이 한 권 나오기도 하였다.[12]

이처럼 조일수호조규 체결 배경과 과정, 각 조관이 담고 있는 의미, 그리
고 각국의 인식과 대응에 관해서는 그동안 많은 연구가 방대하게 축적되어
왔음을 알 수 있다. 한편으로는 조선 측이 협상에 임하는 인식과 체결 과정
을 구체적으로 확인해 볼 수 있는 자료 두 편이 완역되었다. 『심행일기』와
『을병일기』가 여기에 해당하는 자료인데, 조선 정부의 대응을 통시적으로,

....

10) 尹素英, 1995, 「轉換期の朝鮮の對外認識と對外政策 : 朴珪壽を中心に」, お茶の
水女子大學 人間文化研究科 博士學位論文 ; 김용구, 2001, 『세계관 충돌과 한말
외교사, 1866~1882』, 문학과지성사 ; 윤소영, 2003, 「朝日修好條規의 역사적 위
치」, 『韓日關係史研究』 18 ; 이근관, 2004, 「朝日修好條規(1876)의 再評價-傳統
的 東아시아 國際秩序의 觀點으로부터-」, 『서울국제법연구』 11-1 ; 최덕수, 2004,
『개항과 朝日관계 : 상호인식과 정책』, 고려대학교출판부 ; 이태진, 2005, 「1876년
강화도조약의 명암」, 『한국사시민강좌』 36, 일조각 ; 이헌주, 2006, 「自主的 開國
論 形成에 관한 研究」, 『國史館論叢』 108 ; 月脚達彦, 2010, 「近代朝鮮の條約にお
ける「平等」と「不平等」」, 『東アジア近代史』 13 ; 구선희, 2011, 「고종의 서구 근대
국제법적 대외관계 수용 과정 분석」, 『東北亞歷史論叢』 32 ; 박한민, 2011, 「1878년
두모진 수세를 둘러싼 조일 양국의 인식과 대응」, 『韓日關係史研究』 39 ; 강진아,
2016, 「동아시아의 개항 : 난징조약에서 강화도조약까지」, 『현대사광장』 7.
11) 치외법권과 영사재판권, 감리서와 영사관, 해관 등을 들 수 있다. 주제별로 연구가
상당히 많이 나왔기 때문에 최근 나온 박사학위논문을 몇 편 제시하는 선에서 그
치고자 한다. 閔會修, 2013, 「한국 근대 開港場·開市場의 監理署 연구」, 서울대
국사학과 박사학위논문 ; 박한민, 2017, 「朝日修好條規 체제의 성립과 운영 연구
(1876~1894)」, 고려대 한국사학과 박사학위논문 ; 최보영, 2018, 「개항기(1876~
1906) 駐韓日本領事의 활동과 한국인식」, 동국대 사학과 박사학위논문.
12) 한일관계연구소 편, 2018, 『조일수호조규, 근대의 의미를 묻다』, 청아출판사.

문건별로 체계적으로 접근할 수 있다는 장점을 갖고 있다.[13] 김종학 박사의 번역과 역주 작업, 원문 제공을 통해서 자료에 대한 접근성과 이해도가 한층 높아졌다.[14] 이와 유사한 자료가 국립중앙도서관에 한 편 소장되어 있는 것이 확인된다. '丙擾錄'이라는 제목을 달고 있으며, 순한문으로 작성된 두 권의 책자 『丙子擾錄』이 바로 그것이다.[15] 표제만으로는 '丙擾'가 병자호란이나 병인양요와 관련된 기록으로 볼 수도 있다. 하지만 본문 내용을 살펴보면 조일수호조규 체결과 관련된 조선정부의 장계와 관초, 상소 등을 모아서 정서한 것으로, 조선 측 대응을 알 수 있는 문서를 다수 수록하고 있음을 알 수 있다.

본 발표에서는 『丙子擾錄』에 주목하여 두 가지를 살펴보고자 한다. 첫째는 기존 간행 자료와의 관계를 검토하여 이 자료가 갖는 성격과 의미를 규명한다. 둘째는 이 자료에서만 확인되는 문서를 통해 운요호 사건부터 조일수호조규 체결 과정에서 조선 측 입장과 대응이 어떠한 방식으로 나타나고 있었는지를 살펴본다. 이것은 일본 측에서 남긴 자료 중심으로 접근할 때, 그쪽 입장에 치우쳐서 서술하기 쉽다는 점을 확인하는 작업이기도 하다. 본고에서 다루는 『丙子擾錄』이 조일수호조규 체결 과정에서 조선 측 입장을 복원해 내면서 균형을 맞추는 데 기여할 수 있기를 기대한다.

....

13) 신헌 지음, 김종학 옮김, 2010, 『심행일기 : 조선이 기록한 강화도조약』, 푸른역사 ; 김종학 옮김, 2014, 『국역 을병일기』, 국립중앙도서관.

14) 두 자료를 통해 조일수호조규 체결 과정을 입체적으로 상론한 것으로는 다음 성과를 들 수 있다. 김종학, 2018, 「곤경에서의 탈출 : 조일수호조규의 체결 과정」, 한일관계연구소 편, 위의 책.

15) 표제와 본문 제목 사이에 차이가 있다. 원래 발표제목에서는 표제에 적힌대로 '丙擾錄'이라고 했지만, 속지에 적혀 있는 '丙子擾錄'이 본래 책자의 제목이었을 것으로 판단하여 여기에 따랐다.

2. 『丙子擾錄』의 서지사항과 내용 구성

현재 이 자료는 국립중앙도서관에 소장되어 있다. 전체 두 권으로 구성되었는데, 표지에는 '丙擾錄'이라고 적혀 있다. 청구기호는 古2109-26이다. 책자는 가로로 20.7cm이고, 세로로 26.7cm의 크기이다. 속지에는 '丙子擾錄' 상과 하로 기입되어 있는 것으로 볼 때 본서는 원래 '丙子擾錄'이 제목이었던 것으로 보인다. 전체 내용상으로 작성자가 누구였는지를 단정할 만한 단서는 하나도 보이지 않는다. 장서인(藏書印)으로 표지에는 '小田藏書'가 우측 상단에 별지 형식으로 붙어 있다. 속지에는 '朝鮮學術院藏書之印'을 비롯하여 '豊囍君章'(우측 하단부) 그리고 '沈'(豊囍君章 바로 아래)자로 시작하는 네 글자(두 번째 글자는 판독이 어려우며, 나머지는 然信)로 된 인장이 각각 하나씩 찍혀 있다. 이를 통해서 이 책이 적어도 세 명 이상의 소장자를 거쳤음을 알 수 있다. '小田藏書'라고 된 장서인을 놓고 볼 때 식민지 시기 이왕직에서 재직했던 오다 쇼고(小田省吾)일 가능성도 배제할 수는 없다. 다만 그가 소장했던 자료의 장서인과 비교해 보는 추가 작업이 필요하므로 일단 판단은 보류해 두고자 한다. 최종적으로 이 책이 국립중앙도서관에 장서로 등록된 것은 1972년 12월 13일자로 스탬프가 찍혀 있다.

상권은 대원군이 작성한 「直谷開商倭情條辦」과 「別論」으로 시작하는데, 이 두 문서는 『龍湖閒錄』에서도 보인다. 다음으로는 1895년 12월 30일 작성된 「訓導玄昔運錄告」, 나카무타 구라노스케(中牟田倉之助)의 동래부 난출 사건과 관련하여 야마노조 스케나가(山之城祐長) 등 왜관 관리와 주고받은 대화를 수록한 「問答抄」, 이노우에 요시카(井上良馨) 함장과 문정한 기록 「手本抄」가 나온다. 세 개의 문서는 기존에 간행된 다른 자료에서 확인되지 않는 내용을 담고 있다. 이어서 히로쓰 히로노부(廣津弘信)와 운요호(雲揚號) 사건과 구로다 기요타카(黑田淸隆) 사절의 파견 소식을 두고 논의한 문답 기록이 「口陳書」, 「另具」와 함께 수록되어 있다. 문답 내용이 조선 측 입장

과 대응을 잘 보여주고 있는 기록이라서 주목할 만하다. 이 문서 다음부터
는 1876년 1월 이후 강화유수와 경기도관찰사(畿伯), 인천방어사(仁川防禦
使), 강화부판관(江華府判官) 박제근(朴齊近), 접견대관 신헌(申櫶)과 부관 윤
자승(尹滋承) 등이 수시로 장계를 통해 일본 군함과 사람들의 움직임을 보
고한 문서나 문정기록, 강화부로 내려 보낸 관문(關文) 등을 수록하고 있다.
대다수의 장계는 『乙丙日記』에 수록된 것과 중복된다. 다만 의정부에서 내
려 보낸 문서 가운데 일부는 『沁行日記』 혹은 『倭使日記』에서 발견할 수
있다. 상권은 일본 측에서 13개의 조약 초안을 정리해서 보낸 「彼人初次條
款」으로 끝난다.

하권은 초안에 대한 조선정부의 답서로 시작한다. 각 조관을 두고 조선정
부에서 판단을 정리해서 보낸 「我國答送條規」를 비롯하여 「批准冊子」, 「敍事
冊子」, 「修好條規」는 『沁行日記』와 『乙丙日記』에도 실려 있는 문서이다.
조약문 다음에는 의정부의 장계, 강화부로 내려 보내는 관문, 강화부 장계
가 나오는데 『沁行日記』에 나오지 않는 문서들이 몇 개 실려 있다. 2월 초4
일 「沁留狀啓」의 경우 두 편이 실려 있는데, 하나는 『沁行日記』에 다른 하
나는 『乙丙日記』에서 각각 확인 가능하다. 장계 다음으로는 일본 사절이 증
정한 물품, 조선 측에서 일본 사절에게 지급한 물품이 품목별로 수량까지
상세하게 적혀 있다. 다른 기록에서도 확인되는 사항이다. 2월 초5일 「三軍
府草記」 두 편은 『乙丙日記』에서, 「宮本小一洋船鴉煙西學等事嚴斥手錄」은
『沁行日記』와 『龍湖閒錄』에서 교차로 확인 가능하다. 마지막 부분은 강화
유수 조병식(趙秉式), 접견대관 신헌, 전 사간(司諫) 장호근(張皓根), 최익현
(崔益鉉), 부호군(副護軍) 윤치현(尹致賢)의 상소문이 이어서 나온다. 이것들
은 『乙丙日記』와 『高宗實錄』, 『龍湖閒錄』에도 실려 있다. 「前持平李學淵上
疏」의 경우 『沁行日記』와 『乙丙日記』에는 수록되어 있지 않으나, 『高宗實
錄』 고종 13년 1월 20일 기사에서 찾을 수 있다. 다만, 실록의 경우 내용이
상당히 축약되어 있는 판본이기 때문에 『丙子擾錄』 하권에 실려 있는 상소

문이 원본에 더 가까운 것으로 보인다.

전체적으로 검토해 보았을 때 『丙子擾錄』은 상권 앞부분에 수록된 문서들이 기존 간행자료에서 확인되지 않는 문서를 수록하고 있어서 주목할 만한 자료이다.[16) 조일수호조규를 체결하는 과정에서 나오는 각종 장계와 초안, 조약문은 대체로 『乙丙日記』에 수록된 내용과 같다. 다만, 경우에 따라서는 『沁行日記』나 『倭使日記』에 실린 것과 동일한 양식으로 기재한 문서도 산견된다. 같은 문서라도 이두(吏讀) 양식으로 기재된 것을 그대로 따오는 경우도 있는 만큼, 어느 한 가지만 가지고 필사해서 편집한 책자로 보기는 어려운 면이 있다. 상권과 하권 수록 문서에 조선 정부에서 생산한 여러 계통의 문서가 담겨 있고, 이 자료에서만 확인 가능한 문서도 섞여 있다. 이 책자를 작성하게 된 연유를 알 수 있는 서문이나 발문, 저자에 대한 정보가 남아 있지 않은 점은 아쉽기는 하다. 하지만 조일수호조규 체결 전후 조선 정부가 일본에 대하여 어떻게 인식하고 대응해 나갔는지를 파악하는데, 기존 연구에서 활용해 온 자료를 보완해 줄 수 있는 조선 측 자료라고 평가할 수 있다. 다음 장에서 수록 내용을 구체적으로 검토해 보도록 한다.

3. 『丙子擾錄』을 통해 본 조선정부의 일본 인식과 대응

1) 일본 군인들의 무력시위에 대한 인식

운요호 사건 발생 이후 재류 일본인의 보호 목적으로 해군소장(海軍少將)

---

16) 상권과 하권에 수록된 문서의 전체 목록과 기존 사료와의 관계는 부록으로 정리해 두었다.

나카무타 구라노스케는 10월 18일 해군성으로부터 조선 출장 명령을 받았
다. 지휘관으로서 그는 모슌함(孟春艦)과 다이니테이보함(第二丁卯艦) 두 척
을 이끌고 10월 20일 부산에 입항했다.[17] 도착 후 나카무타는 병력을 이끌
고 부산 일대로 진출하여 세력을 과시했다. 이것을 두고 그의 전기에서는
다음과 같이 소개하였다.

> 초량관(草梁館)은 쓰시마 소씨(宗氏)의 관청이었다. <u>자작은 관리와 협의를
> 했으며, 육전대를 상륙시켜 동래부까지 행군하면서 크게 병력의 위세(兵威)를
> 과시하도록 했다.</u> 동래부는 조선병영의 소재지였다. 배일사상(排日思想)을 가
> 진 조선인들이 다수 길가에 배회하였고, 혹은 팔짱을 끼고 서서 우리의 행군
> 을 방해했다. 장사가 죽봉을 휘두르면서 이를 쫓아내고 전진했다. 군대의 진
> 용이 당당했다. 저들이 크게 두려워하였고, 우리가 복수할 것을 꺼렸기에 갑
> 자기 태도를 바꾸어 쌀과 고기를 파는 가판을 수레 위에 가득 채우고 우리
> 군에게 제공했다. 자작이 이것을 받아 사졸에게 분배하였고, 잔디밭에 앉아
> 서 같이 나누어 먹었다. 훗날 이 일을 변리공사 이노우에 가오루(井上馨)의
> 귀에 들어가 자작은 이 때문에 주의(戒飭)를 받았다. 이 일화 외에 자작의 행
> 동은 기록할 만한 일이 없어서 유감이다.[18] (밑줄은 인용자)

　동래부까지 진출하여 군사행진을 하는 상황을 두고 '배일' 감정을 갖고
있던 조선인들이 훼방을 놓기도 했지만, 한편으로는 일본 병사들에게 음식
물을 제공하면서 우호적으로 대하는 경우도 있었다고 일화를 소개하였다.
나카무타가 병사들과 함께 이것을 나누어 먹었다고 하여 그의 소탈한 모습
을 보여주려는 데 전기의 초점이 맞추어지고 있음을 알 수 있다. 하지만 이
를 두고 조선 측에서는 '난출(攔出)'한 일본 병사들로 인하여 살상 피해를
입게 되었다는 점을 거론하면서 '무엄(無嚴)'한 행위를 질책했다. 그 내용은

----

17) 中村高也, 1919, 『中牟田倉之助傳』, 杏林舍, 550쪽.
18) 中村高也, 앞의 책, 551쪽.

『丙子擾錄』을 통해서 확인 가능하다.

> 彼 : 무관(武官)이 온다는 것은 우리들 역시 그 무렵 임시로 들었는데, 폐단 없이 내왕하여 몹시 다행이다.
>
> 我 : 무리(衆人) 지어 행동했는데 처음부터 알지 못할 이유가 마땅히 있는가? 유람과 완상(遊玩)을 칭하면서 어려움 없이 범월(犯越)함이 심하니 도리가 아니다. 하물며 다수는 병기를 소지하여 군사행진과 같았다. 이것이 어찌 유람과 완상하는 사람이 할 일인가? (중략) 부산 인민이 상해를 몹시 많이 입어서 생사를 우려하는데 이르렀다. 대저 사람을 죽인 자, 상해를 입힌 자는 나라에 없앨 수 없는 법전으로 형벌에 처한다. 그러니 이번에 작폐(作弊)한 자들은 반드시 관(館)에서 조사하고 징치해야 체제(事體)를 보존할 수 있다.
>
> 彼 : 무관이 유람하고 완상하는 이유는 생각건대 무관이 오는 날에 익히 들었다. 그러나 병기를 소지하고 간 것은 다른 뜻이 있어서가 아니라, 움직일 때마다 해군은 장속(裝束)을 갖추기 때문이다. 귀국에서 반드시 차단(攔住)하겠다고는 하나, 우리나라의 예를 따른다면 현재 구례(舊例)를 준수하며, 이웃을 긍휼히 여길 여지가 없다. 마땅히 유람과 완상의 실시를 금지하고 막는 일이 없어야 한다. 금지하고 막기를 고집한다면, 곧 지금 이후로 우리가 비록 난출하더라도 귀국은 막고 차단하지 않은 연후에야 폐단이 생기지 않을 것이다. 그리고 부산 인민이 상해를 입은 일에 이르러서는 듣자하니 심히 놀라고 탄식할 만 하다. 해군의 작폐를 일으킨 일은 진정 사소한 일이 아니다. 우리들이 금제(禁制)를 할 수 없어서 송구하다. 이것은 곧 소장(少將)에게 말하겠다. 몸소 부산에 가서 부상을 입은 여러 사람과 부산의 관가를 보고, 대면하여 상세히 조사한 후, 우리 사람으로 과오를 범한 자는 역시 징치(懲治)를 하도록 도모하겠다.
>
> 我 : 피해를 입은 사람을 눈으로 보겠다고 한다면 곧 즉각 관(館)으로 불러들여야 한다. 이것을 하지 않고 어찌 몸소 가겠다고 말하는가? 일을 처리하는데 배치가 심하여 서로 부합하는 논의가 아니다. 반드시 관(館)에서부터 징치한 후에야 귀국 법령이 어떠한지를 볼 수 있을 따름이다.

彼 : 이것은 모두 해군 소장이 주로 관장하는 일이기 때문에, 실로 우리들이 좌우할 수 없다. 다만 답답하고 곤궁할 따름이다.[19] (밑줄은 인용자)

이 대화는 왜관에서 체류하고 있던 야마노조 스케나가(山之城祐長), 사이스케(最助, 우라세 유타카浦瀨裕), 스미나가(住永辰妥)와 훈도 현석운 사이에 이루어졌다. 정확한 면담 날짜는 기재되어 있지 않으나, '난출' 사건이 발생한 직후에 책임을 추궁하려고 만들어진 자리였을 것으로 보인다. 사건은 12월 13일에 발생하였는데, '난출'을 저지하려 한 조선인 12명이 상해를 입었다. 이 일이 벌어지기 전에도 일본 해병들은 메추라기 사냥을 핑계로 상륙하여 민가에 가서 난동을 부렸다.[20] 조선 측에서는 일본 병력이 '유람과 완상'을 명목으로 삼아 나왔는데, 이들 가운데 다수는 무기를 소지하고 있어서 '군사행진'에 가까웠다고 보았다. 그리고 부산 인민들에게 살상의 피해를 입히는 '작폐'를 일으키기까지 했던 만큼 왜관에서 반드시 관련자를 붙잡아 조사하고 처벌할 것을 요구했다. 왜관 관리들도 나카무타가 인솔한

....

19) 「問答抄」, 『丙子擾錄』 上, 13~16쪽. "彼曰, 武官之出往, 俺等亦臨時得聞, 而無弊來往甚幸云. 我曰, 衆人之作行焉, 有當初不知之理乎. 稱以遊玩無難犯越, 甚非道理. 況多持兵器, 自若軍行是何遊玩人之事乎. … 而彼輩之輒加傷害, 抑何人事乎 … 而釜山人民之被傷甚多, 至有生死之慮. 大抵殺人者死傷人者, 刑有國不可廢之典, 則今番作弊諸人, 必有自館中査懲, 以存事體爲可云. 彼曰, 武官遊玩之由, 想有稔聞於武官出往之日, 而兵器持去, 非有他意. 海軍裝束動輒有備也. 貴國之必欲攔住雖云, 效例我國, 則今無舊例之遵守, 而恤隣之地, 宜無禁遏於遊玩之行也. 禁遏之致至有扶執, 則從今以後, 我雖攔出, 貴無防遮然後, 可無生弊. 而至於釜山人民之被傷, 聞甚驚歎. 海軍所屬之作弊, 誠非細事, 俺等之不能禁制愧悚無地, 然此則言于少將處. 躬往釜山目見被傷諸人與釜山官家, 對面詳查後, 我人之犯過者, 亦爲懲治爲計云. 故我曰, 其欲目見被傷之人, 則當卽刻招致館中也. 不此之爲, 何須躬往爲說耶. 隨事背馳甚, 非相孚之論, 必自館中懲處, 則可見貴國法令之如何而已云. 則彼曰, 此皆海軍小將之主掌, 實非俺等之所可左右, 只庸悶隘云."

20) 이 일은 운요호 사건과 구로다 사절 파견 사이에 벌어진 사건인데 '연속된 기획의 산물'이었다. 김홍수, 앞의 책, 423쪽.

병력의 행진으로 인하여 조선인들에게 피해가 발생한 만큼 결코 '사소한 일'로 치부하고 넘길 일은 아니라는 점까지는 인정했다.

하지만 해군이 일으킨 사단은 "해군 소장이 주로 관장하는 일"이며, 자신들에게는 이들을 징치하고 통제할 권한이 없기 때문에 송구스럽고 답답하다는 심정을 밝히는 선에서 그쳤다. 앞서 인용한 나카무타 전기에서 도한 후 왜관 관리와 협의한 후 행군을 했다는 기술까지 감안해 본다면, 왜관 관리들은 이미 진행상황은 잘 알고 있으면서도 책임을 회피하려 한 차원에서 한 발언으로 해석할 수 있다. 일본 관리들의 답변을 정리한 후 현석운은 기록 끝에다가 "교활하고 간악함(狡惡)이 여기에 이를 정도로 심하다"고 개탄했다.[21]

12월 30일 작성한 문서에서도 그는 일본의 화륜선이 속속 입항하는 것을 두고 어떻게 될지 예측하기 어렵다고 우려하면서 사상왜(私商倭)에게 왜관 내 동정을 탐문하였다. 히로쓰는 "교린을 아주 단절해 버리고 가겠다는 뜻이므로 길게 늘어놓는 말이 있을 것"이라고 했고, 머지않아 모리야마 시게루(森山茂)가 온다는 소식을 전했다. 근래 발생한 소요로 인하여 시장거래 정지(停市)될 우려가 있기는 하나 확실하지는 않고, "관 내 동정은 전날과 크게 다른 바가 있다"고 했다. 그러면서 "근일 배를 타고 온 왜인들이 관중에서 벌이는 작폐는 쓰시마주에 비할 바가 아니다"란 말까지 들었다. 일본 상인들은 군인들이 벌인 작폐로 인하여 자신들의 거래가 막히게 되지 않을까 우려하는 모습을 읽을 수 있는 대목이다. 이 말을 들은 현석운은 "변정(邊情)이 여기에 이르렀으니 무척 걱정되고 두렵다"고 우려했다.[22] 해군 병

....

21) 「問答抄」, 『丙子擾錄』 上, 16쪽. "彼情雖云, 狡惡至於此甚, 伏不勝悚悶萬萬"
22) 「訓導玄昔運錄告」, 『丙子擾錄』 上, 12~13쪽. "而先探問於私商倭, 則商倭言內, 弘信之行, 以交隣永絶之意, 當有辭說. 森山茂亦匪久出來云. 而商路騷擾不無停市之慮矣. 此是傳說姑未可的信. 然館中動靖, 則日大有異焉甚悶, 近日船格倭之作弊於館中, 亦無比如馬島倭視. 若奴隷其俗可知, 而商倭則慮有生釁於內外, 縱有紹介

력이 무력시위를 벌이면서 발생한 조선인들의 피해를 두고 현석운이 피해자 조사와 처벌을 적극 요구하고 있었으며, 추가로 왜관 내 동정을 살피려한 모습이 조선 측 기록에서 상세히 나오고 있다는 점, 일본 측 기록에서는이 내용을 거론하고 있지 않다는 점은 주목해 볼 내용이다.

많은 병기를 소지하고 도항해 온 일본 측 움직임에 대해서는 1875년 5월말 이노우에 운요호 함장이 1차로 도한했을 때 진행된 문정에서도 조선 측이 문제를 제기했다. 이 때 이노우에는 일본인 20명과 해군 80명을 데리고왔다.[23] 타고 온 배는 이전에 왔던 "화륜선과 다를 바 없었지만" 양미(糧米) 2백 석과 석탄 1백 석을 싣고 있었다. 화약과 철제 대포, 총포, 도검 등의무기류도 있었으나 이를 조선 측에서 다 검사할 수는 없었다. 이에 문정관은 "군병과 병기 역시 어째서 싣고 왔는가?"라고 물었다. 일본 측에서는"폐방의 법으로 사절을 이웃나라에 파견할 때에는 해군 선박이 호위해 가도록 하는 예가 있다"고 답했다. 조선 관리는 지난 번 모리야마가 도한했을때 동래부에서 서계를 접수하지 않았던 일을 거론하면서, 서계의 수리 여부는 "오직 조정의 처분에 있으므로, 사신의 일은 비선(飛船) 1척으로 탐지하기에 충분하다"고 판단했다. 그런데 이번에 "무기를 소지한 해군을 다수 이끌고 온 것이 어찌 성신(誠信)의 도리겠는가?"라고 반문하면서 병력을 데리고 올 이유는 없음을 강조했다. 반면에 일본 측에서는 "사신을 호위하러 수행하는 병선이기 때문에 병기(兵器)는 당연히 싣고 온다"면서 무장한 함선을 타고 오는 일은 문제가 되지 않는다고 맞받았다.[24] 수행 병력의 대동 여부를 두고 조일 양국에 입장차가 컸음을 알 수 있다.

나카무타에 이어 1876년 도한해 온 일본 병사들의 경우 여러 차례에 걸쳐 가지고 온 무기를 가지고 무력을 과시하는 행동을 벌였다. 1월 17일에는

之說, 然其內地事狀, 亦未能詳細聞知云."
23) 「手本抄」, 『丙子擾錄』 上, 17쪽.
24) 「手本抄」, 『丙子擾錄』 上, 18쪽.

강화도 인근 해역에서 대포 10발을 쏘면서 해전연습을 실시했다.[25] 20일에는 상륙하여 야전포와 총기를 시험 발사했다.[26] 구로다 일행이 강화부로 들어갈 때는 의장병 뒤로 개틀링포 소속 인원이 행진하였다.[27] 2월 9일에는 항산도에 정박한 군함 7척에서 대포 20발을 쏘았다.[28] 조선인들의 접근이 쉽지 않은 항산도를 정박지로 선택하여 함대의 능력을 과장해서 보이려 한 의도도 있었다.[29] 이튿날 문정 중에는 일본 함선에서 총을 다섯 차례나 연달아 발사했다.[30] 항산도에 정박하고 있던 군함에서 대포를 18발 발사한 것은 초지진 파수장(草芝鎭把守將) 강영회(姜英會)가 보고했다.[31] 다음날에는 자국의 기원절(紀元節)이라고 조선 관리에게 미리 고지한 다음 모든 일본 함선에서 축포를 쏘았다.[32] 일본 측에서는 3일에 걸쳐 무력을 과시하려는 모습을 의도적으로 보여주고 있었음을 알 수 있다. 협상이 막바지에 이른 2월 21일에는 일본 초병들이 강화유수의 문 앞을 지나다가 조선의 수비병과 시비가 붙었는데, 그 과정에서 소지하고 있던 총을 발사하기까지 했다. 차비관(差備官)이 여기에 항의하자 니레 가케노리(仁禮景範) 해군대좌와 대위 두 명을 소환하여 주의를 주기도 했다.[33] 조일수호조규를 체결하던 날에

....

25) 『日本外交文書』 제9권, #3 附記1 「黑田辨理大臣使鮮日記」 1월 17일, 9쪽.
26) 『日本外交文書』 제9권, #3 附記1 「黑田辨理大臣使鮮日記」 1월 20일, 10쪽.
27) 『日本外交文書』 제9권, #3 附記1 「黑田辨理大臣使鮮日記」 2월 8일, 22쪽.
28) 「畿伯狀啓」, 『丙子擾錄』 上, 68쪽. "項山島留碇異船大船七隻, 發大砲二十聲"
29) 김흥수, 2009, 『한일관계의 근대적 개편 과정』, 서울대학교출판문화원, 446쪽.
30) 「畿伯狀啓」, 『丙子擾錄』 上, 69쪽. "而問答之際, 自彼大船連放鳥銃五次事"
31) 「江華判官狀啓」, 『丙子擾錄』 上, 70쪽 ; 『국역 을병일기』, 46쪽. 『을병일기』에서는 대포를 16발 발사했다고 적혀 있다.
32) 『日本外交文書』 제9권, #3 附記1 「黑田辨理大臣使鮮日記」 2월 11일, 67쪽.
33) 『日本外交文書』 제9권, #3 附記1 「黑田辨理大臣使鮮日記」 2월 21일, 70~71쪽. 참고로 여기서 등장하는 니레는 원래 조선 시찰의 목적으로 파견된 해군장교였다. 군부 안에서 표면적으로는 내치파(內治派)를 따라다니면서도, 계기가 주어진다면 언제든지 해외정벌(外征)에 나서겠다는 속마음을 품고 있었다고 한다. 구로다 사절

는 연무당(鍊武堂) 앞에 표적을 설치하고 개틀링포 시범 발사를 실시하여 4분의 3을 명중시키는 위력을 보여주기도 했다.[34] 군사조련을 하는 모습까지 노출하는 가운데 병력의 정예함과 무기의 위력을 직접 목도하면서 조선 병사들은 그동안 품고 있던 울분을 일소하고 일본과 조약을 체결하려 한 조정의 판단이 옳았다고 여기게 되었다고 한다.[35] 근대적인 신식 무기의 화력은 이들이 평소에 일본이나 조정의 대일 유화정책 추진에 대해서 갖고 있었을 반감이나 불만을 잠재울 만한 두려움을 선사했던 것이다.

2) 운요호 사건에 대한 항의와 국기(國旗) 인식

머지않아 구로다 기요타카 변리대신 일행이 도항하여 강화부로 갈 예정이라는 소식은 히로쓰 히로노부가 먼저 가지고 왔다. 히로쓰는 훈도 현석운을 만나 구진서 외 1개의 문서를 전달했다. 이것을 훈도가 조선정부로 전달한 내역까지는 기존에 간행된 자료에서 확인 가능하다.[36] 『丙子擾錄』에도 두 가지 문서는 수록되어 있는데, 일본 측과 다른 문서가 한 가지 더 들어

....

의 일행으로 왔던 육군대좌(陸軍大佐) 가바야마 스케노리(樺山資紀) 역시 니레와 같은 노선이었다고 훗날 오카모토 류노스케는 술회했다. 오카모토 본인도 당시 조선을 치러 가려면 1개 사단 병력이 필요하다고 견적을 내었고, 고토 쇼지로(後藤象二郎)과 무쓰 무네미쓰(陸奧宗光)와도 그 내용을 공유했다고 한다(岡本柳之助, 1910, 「日韓交涉の眞相」, 『慶應義塾學報』 159, 11~12쪽). 당시 조선으로 파견된 대좌급 고위 장교들이 외정 쪽에 더 치우쳐 있었다는 점은 분명 주목해서 보아야 할 부분이다.

34) 『日本外交文書』 제9권, #3 附記1 「黑田辨理大臣使鮮日記」 2월 26일, 73쪽.

35) 신헌 지음·김종학 옮김, 앞의 책, 322쪽 ; 이헌주, 2018, 『姜瑋의 開化思想 硏究』, 선인, 218쪽.

36) 『日本外交文書』 제8권, #67 「黑田辨理大臣江華島ニ赴クヘキ旨先報ノ件」, 150~151쪽 ; 『日韓外交資料集成』 제1권, #25 「朝鮮國出張廣津理事官ヨリ同國官憲ヘノ口陳書竝ニ別函」, 66~68쪽.

가 있어서 눈길을 끈다. 문서에 제목은 붙어 있지 않다. "이달 22일 이사관 왜(倭) 히로쓰 히로노부가 만나기를 청했다"고 하면서 문답 내용이 시작한다. 여기서 '이달 22일'은 음력 11월 22일인데, 양력으로 환산하면 12월 19일에 해당한다. 『日本外交文書』 등에서 구진서를 제출한 날짜를 '12월 19일'로 추정한 바 있는데, 이것을 확정할 수 있는 단서를 제공하는 자료이다.37) 이 문답 기록에서 훈도와 이사관은 운요호 사건을 주로 거론하고 있는데, 조선 측 입장과 대응논리를 확인할 수 있다는 점에서 주목된다.

히로쓰는 이번에 구로다 변리대신이 조선으로 파견되는 이유는 "우리 화륜선이 강화를 지나다가 강에 이르러 급수(汲水)를 하던 차에 사납게 포격을 당했기(暴被砲擊) 때문"으로, "강화를 적확하게 조사하고 따지기로 정했다"는 취지를 전달했다.38) 사행시 "귀국 병사와 인민의 사정은 예측하기 어렵기 때문에 마땅히 병선으로 호위해 가도록 했다"는 점도 밝혔다. 강화도에서 발생한 운요호 사건을 히로쓰가 거론하자, 현석운은 다음과 같이 말했다.

> 강화도 일을 말했는데, 이양선이 표착하여 돌연 작폐하였다. 이것은 사람의 도리가 아니었다. 또한 그 황색기(黃色旗)를 표명하였는데, 이것은 양인(洋人)의 기 때문에 우리나라 인민이 분개하지 않을 수 없었고, 피가 끓어올랐다. 지금 구진서의 취지를 살펴보니 강화의 작폐(作弊), 이것은 곧 귀국 선박이었다. 귀국 선박의 경계 침범은 정말로 법외(法外)의 일이다. 그리고 사납게 포격을 당했다는 표현은 남에게 허물을 뒤집어씌운 말이다. 그 배가 와서 정박했을 때 우리가 먼저 거론할 것은 없었다. 설령 먼저 거론할 것이 있었더라도 이미 일본인

---

37) 히로쓰 이사관의 도한 일지 기사에서도 같은 날짜였음을 확인할 수 있다. 明治 8년 12월 19일, 「先報理事日誌拔萃」, 『明治八年朝鮮江華島砲擊始末』 卷1. "正午訓導就館。午後三十分上席。理事官面接ス。彼レ先報ノ事ヲ聞テ頗ル驚愕セリ。縷々應對ノ末別函幷ニ口陳書ヲ謄寫シ携飯リテ東萊府使ニ見シメシ、速ニ京城ニ轉啓スルヲ計ルヲ約シ"

38) 『丙子擾錄』 上, 20쪽。"且我火輪船路過江華, 抵江汲水之際, 暴被砲擊, 故我朝廷以陸軍中將兼參議黑田爲特命全權辨理大臣, 派遣貴國江華的確査問爲定"

선박으로 어찌 발고(發告)하는 조처를 취하지 않고, 우리에게 방비가 없음을 엿보면서 졸지에 작경하여(作梗, 못된 행실을 벌임) 성을 공격하고 사람을 해치는가? 하물며 군물(軍物)을 수집해 간 것은 심히 이웃나라가 할 일이 아니다. 이것은 필시 선량함 없이 어지럽히는 부류나 하는 행동이다. 마땅히 귀국이 법에 의거하여 처분하고 다스려야 한다. 우리 군사물품은 곧 당연히 쇄환해야 한다. 그런데 이것을 하지 않고 감히 조사하고 따지겠다고 말하면서 이웃나라가 사람을 강화로 보내어 장차 경성으로 향하겠다고 하는 것은 어찌도 그 무엄함이 그리도 심하단 말인가?[39] (밑줄은 인용자)

현석운의 발언에 따르면 강화도에서 운요호에게 포격을 가한 것은 게양하고 있던 '황색기'를 서양 선박의 표식으로 인식하고, 다시 조선에 서양인들이 침입해 오는 것으로 알고 '분개'하고 반격에 나섰던 것이다.[40] 그런데 히로쓰가 가져온 이번 문서에 따르면 강화도 사건을 일으킨 주체는 서양인이 아니라 일본인이었음을 비로소 알게 되었다. 일본 선박임에도 불구하고 먼저 분명히 이를 조선 측에 알리는 조처를 취하지도 않고, 성을 급습하여 사람을 해치고 군사물품을 노략해 간 것은 조선 입장에서 볼 때 용납할 수 없는 행위였다. '선량함 없이 어지럽히는 부류'가 벌이는 '작폐(作弊)'이자

....

39) 『丙子擾錄』上, 21~22쪽. "且以江華事言之, 異船之摽突作弊, 蔑有人事. 且其黃色旗表明, 是洋人故我國人民莫不憤惋而沫血也. 今見口陳書意, 則江華作弊, 乃是貴國之船也. 貴國船隻之犯界, 誠是法外. 而暴被砲擊, 歸咎爲辭. 然伊船來泊時, 我無先擧, 而設有先擧, 旣以日本人船, 何不揹的發告, 瞰我無備, 猝地作梗, 攻城害人乎. 況軍物搜去, 甚非隣國所可爲之事也. 此必是無良亂類之爲, 則當自貴國從法處治. 至於我軍物, 則宜爲刷還. 而不此之爲敢以査問之說, 書致鄰國遣人江華, 轉向京城云者, 何其無嚴之甚乎"

40) 1876년 2월 11일 회담에서 운요호 사건 발생을 두고 신헌이 한 발언에서도 일본 측의 사전통지가 없었으며, 황기(黃旗)를 보고 다른 나라 선박으로 인식한 가운데, 경내로 진입하는 일이 발생하자 부득이하나 발포로 대응했음을 밝히고 있다. 신헌 지음, 김종학 옮김, 앞의 책, 112쪽 ; 『국역 을병일기』, 53쪽 ; 「宴饗後接見時彼我大副官問答句語」, 『丙子擾錄』上, 76~77쪽.

'작경(作梗)'으로 규정한 것은 이 점을 압축적으로 잘 보여준다. 훈도 생각
으로는 강화도에서 문제를 일으킨 일본인들을 법에 따라 처분하고 노략해
간 물품을 돌려주는 것이 사리에 맞았다. 그런데 도리어 자신들이 포격당한
일을 조사하고 따지러 조선에 사절을 파견해서 한성까지 가겠다고 통지해
오니 적반하장일 수밖에 없었다. '어찌 무엄함이 그리도 심한가'란 말은 그
점을 함축적으로 잘 보여준다. 히로쓰는 자신의 역할이 구로다 파견 소식을
전달하는데 그치며, 크고 작은 일은 향후 도한하는 변리대신과 처리해야 한
다고 답하면서 물러났다.

   12월 21일 등사한 구진서와 별함을 동래부사에게 바쳤다고 전하는 자리
에서 현석운은 재차 운요호 사건을 거론했다. 히로쓰와 나눈 대화의 일부는
다음과 같다.

> 훈도 : 강화도 포격의 사실은 들었던 내용에 심히 의견상 차이가 있다고 생
> 각하므로, 이를 보여줄 것을 감히 요청한다. 이 일은 귀관도 이미 들
> 어서 알고 있지 않은가?
> 이사관 : 이것은 무슨 말인가? 내가 그 일을 듣지 않은 것은 아니지만, 이것
> 을 말할 입장도 아니다. 또한 족하의 논의를 들을 필요가 없다. 귀
> 국이 이것을 변명해야 할 점이 있다면 다른 날 그 장소에서 다른 사
> 람을 통해 해당 인사에게 변명하시라. 종전에 내가 종사했던 공무의
> 일이기는 하나, 현재로서는 귀국과 논의할 직책에 있지는 않다.[41]

   히로쓰 이사관은 운요호 사건에 관하여 알고 있는 내용은 있으나, 자기
소관도 아니며 논의를 듣는 일마저도 '쓸데없다'면서 훈도의 말을 끊었다.
현석운은 같은 날 밤 우라세 유타카 숙소로 찾아가 울분을 토로하며, 운요
호 사건에 관한 이야기를 어떻게든 개진하려 했다. 하지만 우라세마저도

----

41) 「明治八年十二月二十一日午後三時應接」, 『明治八年朝鮮江華島砲擊始末』 卷1.

"우리들도 오늘 이것을 들었는데 전혀 이로울 게 없다. 가령 의견상으로 차이가 있더라도 여기서 본인이 쌍방 간에 따지고 바로잡을 입장은 아니다"고 하면서 언급 자체를 피했다.[42] 이들은 조선으로 파견되기 전에 불필요한 말은 꺼내지도, 대응하지도 말라는 지시를 받았다. 때문에 훈도가 운요호 사건을 논의 주제로 삼으면서 조선 측 입장을 좀 더 적극적으로 피력하면서 공방을 벌일 만한 여건은 조성되지 않았다. 조선 측이 지속적으로 문제를 제기하려 시도했던 부분이 일본 측 기록에서는 소략한 편이다. 오히려 자신들이 가져온 구진서를 조선정부에 제대로 전달했는가를 확인하는 쪽에 많은 분량을 할애하고 있었다. 이것은 입장에 따라 기록하는 과정에서도 선별이 이루어지고 있음을 보여주는 만큼 주의가 필요하다.

참고로 구로다 사절이 온다는 소식이 전해진 다음의 일이기는 하나, 급수(汲水) 문제와 국기 인식 등에서 대응상 비교가 될 만한 사례를 한 가지 제시해 볼 수 있다. 1876년 1월 28일 오시(午時) 강화부판관 박제근(朴齊近)과 군관 고영주(高永周)는 모슌함(孟春艦)으로 가서 문정을 실시했다.[43] 함선은 선발대로 수로를 측량하기 위해서 왔으며, 배안에는 함장 해군소좌 가사마 히로다테(笠間廣楯)를 비롯하여 수병 68명과 사관 12명, 해병 10명까지 전체 91명이 탑승하고 있었다고 한다.[44] 대화 도중 급수 건이 나왔는데, 일

---

42) 1875년 12월 21일, 「先報理事日誌拔萃」, 『明治八年朝鮮江華島砲擊始末』 卷1. "其間屢江華砲擊ノ弁解ニ及ハントス。浦瀨敢テ應セス" ; 「十二月二十一日訓導別函幷口陳書ノ元本捧出之義府使之敎意申述退席後浦瀨書記生寓ヘ來リ內話之顚末」, 같은 책. "裕、吾輩ニ於テモ今日之ヲ聞ク全ク益ナシ。仮令其齟齬アリト云フモ此所ニ於テ互方質糺スヘキノ人ナケレハナリ"

43) 「問情草」, 『丙子擾錄』 上, 32～37쪽. 이 기록은 『乙丙日記』에도 수록되어 있는데(原文編 17～20쪽), '初三日 午時'라고 적힌 일자와 시간대는 『丙子擾錄』에서만 확인 가능하다. 『乙丙日記』에는 문정을 실시한 사람의 직책과 이름이 모두 들어가 있는데 반해 『丙子擾錄』에는 직책만 적혀 있다.

44) 「問情草」, 『丙子擾錄』 上, 33쪽. 『乙丙日記』에 따르면 수병 인원은 60명이나, 『丙子擾錄』에서는 이보다 8명이 더 많다. 일본에서 출발할 당시의 승선인원 기록에

본 측에서는 초지진 경내에 급수할 만한 곳이 있는지를 문의했다. 그러자 조선 측에서는 말한 지역에 물이 있는데, 몇 명이나 하선하여 급수를 하려 하는지 물었다. 이에 종선 두 척에 15명으로 제한하여 급수하러 다녀오겠다고 했다. 그래서 부사(府使)가 2명을 지명하여 이들로 하여금 일본 선박에서 급수하도록 길 안내를 하도록 지시하겠다고 했다.[45] 이 부분은 일본 측 문답에서 "물 긷는 일은 포대 아래로 보트가 도착하거든 앞장서서 길을 안내하겠다"고 한 말과도 이어진다.[46] 이어서 통역 아비류 유사쿠(阿比留祐作)를 대동하고 온 함장과의 대화에서도 조선 측은 "급수라면 가능한 이야기"이나, 감사인사를 하기 위해 병력이 상륙하는 일은 불가하다는 입장을 밝혔다.[47] 필요하다면 물이 있는 곳까지 안내하여 군함에 물을 공급하는 것까지는 호의적으로 대한다는 것이 '유원지의(柔遠之誼)'의 입각한 조선 측 입장이었음을 알 수 있다.[48] 급수하러 일시 상륙은 허락할 수 있으나, 그 이상으로 조선의 경내로 선박이 진입하는 일까지는 용납할 수 없었다. 그래서 "이 배가 비록 이곳(此境)에 이르렀지만, 우리나라의 내양(內洋)이다. 우리나라의 법리로 외국 선함은 내양에 틈입(闖入)할 수 없으니, 다시 거슬러 올라오지 않으면 좋겠다"고 못 박았다.[49] 이 발언은 같은 날 일본 측 문답 기록에

....

따르면 모 함에는 전체 82명이 탑승하고 있었다(『日韓外交資料集成』제1권, 「使鮮日記」1876년 1월 6일, 344쪽).

45) 「問情草」, 『丙子擾錄』上, 33쪽. "彼答曰, 將使從船二隻, 限十五人領去汲水云. 故指府使二名曰, 當使此人輩指路汲水云云" 밑줄 친 부분은 『을병일기』에서 확인되지 않는다.

46) 『日本外交文書』제9권, #4 「我カ國艦船ノ往訪問情ノ件」, 25쪽.

47) 「問情草」, 『丙子擾錄』上, 35쪽 ; 『국역 을병일기』, 22쪽.

48) 조선 측의 대응 양상을 감안해 본다면, 1875년 9월 20일 운요호가 강화도에서 급수를 시도한다고 보트를 타고 거슬러 올라오는 일도 고지와 문정 절차가 제대로 밟았디라면 빌생하지 않았을 가능성도 없지 않다. 그러한 점에서 사건을 의도적으로 도발하면서 공격할 명분을 쌓고, 계획했던 대로 공격을 가하는 수순을 착실히 밟아나갔음을 다시 한 번 확인해 볼 수 있는 대목이기도 하다.

는 실려 있지 않다.

문답을 마친 후 돌아오면서 조선 관리들은 모 함에 대한 전반적인 인상과 외형, 탑승물품 등까지 기록으로 남겼다. 여기에 게양하고 있던 깃발도 묘사한 대목이 있는데, "깃발의 휘장(旗標)은 하얀 바탕에 가운데가 붉었다"고 적었다.[50] 동일한 묘사는 경기도관찰사의 2월 10일자 이양선 동향 보고에서도 확인 가능하다. 기록에 따르면 항산도에 현재 이양선이 7척 정박 중인데, 작은 종선 7척에 사람들을 가득 태우고 손돌목(孫石項)으로 올라갔다고 한다. 배 뒤편에 "하얀 바탕에 가운데가 붉은 기"가 꽂혀 있었다.[51] 일본 측에서는 '국기(國旗)' 전달과 인지 여부를 강조하고 있었다. 여기서 거론되는 국기 전달은 현석운과 모리야마가 회견한 1874년 9월 3일에 이루어졌던 일이다. 모리야마는 훈도가 자신의 임소에 방치하면서 곧바로 조선 정부에 전달되지는 않았다는 사실을 이듬해 5월 1일 외무성에 보고하였다.[52] 일본 측에서는 일단 조선의 협상 담당자에게 자국의 국기를 전달했다는 점 자체에 초점을 맞추는 입장이었다. 반면에 위의 두 사례에서 드러나듯이 조선 지방관들은 아직 국가를 상징하는 표식으로까지 인식하고 있었던 것으로 보이지는 않는다.[53] 2월 11일 구로다와의 협상 자리에서 신헌이 아직 모든 일을 결정하지 않은 상황이기 때문에 지방의 연해 각처에 "미처 알리지 못했다"[54]고 한 발언은 앞서 나온 지방관들의 인식을 종합해 본다면 실제 상황이 그러했음을 고백한 것으로 보아야 할 것이다. 조일 양측이 국기 하나

....

49) 「問情草」, 『丙子擾錄』 上, 35쪽 ; 『국역 을병일기』, 22쪽.
50) 「問情草」, 『丙子擾錄』 上, 36쪽 ; 『국역 을병일기』, 23쪽. "旗標則白質紅心"
51) 「畿伯狀啓」, 『丙子擾錄』 上, 68쪽. "從船二隻率小從船七隻, 而船後挿白質紅心旗, 滿載彼人踰孫石項上去"
52) 김흥수, 앞의 책, 262~263쪽.
53) 김흥수, 위의 책.
54) 신헌 지음·김종학 옮김, 앞의 책, 112~113쪽 ; 『日本外交文書』 卷9, #16 「日鮮兩國國交問題、雲揚艦事件等ニ關スル件」, 82쪽.

를 두고도 상징적으로 큰 의미를 부여하는가, 그렇지 않고 하나의 표식으로
만 보느냐에 따라 사건을 대하는 인식이 달랐음을 알 수 있다.

3) 일본군의 정탐활동에 대한 보고

덕진진 파수장(德津鎭把守將) 박경덕(朴景德)에 따르면 일본인 네 명이
대모산(大母山, 강화군 불은면 신현리 소재)에 올라가 지형을 측량했다고 한
다.[55] 이들이 조선 연안 지역 여기저기를 정탐하면서 지리정보를 수집하고
정리하던 모습은 강화유수의 장계에서 확인해 볼 수 있다.

> 왜인 6명이 남쪽 돈대와 포대에 상륙해서 일일이 둘러본 후 진사(鎭舍)에
> 들어왔습니다. 지도 한 폭을 꺼내더니 좌우 산천(山川)을 대조한 다음에 다시
> 내려갔습니다. … 왜인들은 병사들을 시켜서 낮부터 밤까지 쉬지 않고 성 안
> 을 두루 순행하거나, 높은 지역에 올라가서 아래쪽을 관찰하거나, 깊고 으슥
> 한 곳에서 지름길을 찾게 하고 있습니다.[56]

> 종선(從船) 1척이 통진부 경내의 적암포(赤巖浦) 해변에 상륙해서 백기(白
> 旗) 3개를 3리 안에 나란히 꽂았습니다. 그리고 왜인 8명이 큰 홍기(紅旗)를
> 들고 전진할 것을 주장해서, 배를 타고 거슬러 올라가다가 구준(九遵) 모퉁이
> 자갈밭에 이르러 지남기(指南器)를 설치하고는 사방을 관측한 후에 섬과 산골
> 짜기, 인가(人家) 등을 그렸습니다. 그래서 그 백기를 뽑으려고 하자, 저들은
> 강화부에서 승낙을 받았다고 했습니다.[57]

> 저들 종선(從船) 1척이 통진 경내로 올라가서 상륙한 후 며칠 전에 꽂았던

....

55) 「江華判官狀啓」, 『丙子擾錄』 上, 69~70쪽 ; 『국역 을병일기』, 46쪽.
56) 『국역 을병일기』, 1월 19일(양력 2월 13일), 57쪽.
57) 『국역 을병일기』, 1월 23일(양력 2월 17일), 71~72쪽.

백기를 뽑아 갔습니다. 그리고 높은 바위에 올라가서 사방을 둘러보고는 다시 배를 타고 내려갔습니다.[58]

밑줄 친 부분은 지도와의 대조 확인, 깃발을 활용한 거리 측량, 나침반을 이용한 방향 확인, 표식이 될 만한 지형이나 건물의 삽화제작 등 일본 군인들이 당시 연안에서 정탐활동을 벌이던 모습을 구체적으로 보여준다. 이들이 손에 들고 확인 작업을 하던 지도는 아마도 1875년 11월 육군 참모국(參謀局)에서 발간한 1백만 분의 1 축척의 「朝鮮全圖」였을 가능성이 있다.[59]

1876년 2월 들어 닛신함(日進艦)에서는 「朝鮮西岸 漢江口頂山泊地」를, 모순함에서는 「朝鮮西岸 濟物浦泊地」란 제목으로 '약측도(略測圖)'를 제작했으며, 이것을 4달 후인 6월 29일부로 간행하였다.[60] 1880년대 들어서 본격적으로 조선 각지를 돌아다니면서 참모본부 장교들이 작성한 지역별 지도를 살펴보면 이들이 어떠한 기호를 사용해 가면서 조선 내지의 모습을 구체적으로 그려나가고 있었는지를 확인해 볼 수 있다.[61]

1월 30일 개척소관관 야스다 사다노리(安田定則)는 강화유수 조병식(趙秉式)과의 대화 자리에서 자신은 구로다 사절이 강화도에 이르는 길의 편의를 위해서 먼저 수심의 깊이를 측량하러 왔다고 밝혔다. 이 자리에서는 경성까

---

58) 『국역 을병일기』, 1월 24일(양력 2월 18일), 83쪽.

59) 조일수호조규 체결 전후(1873~1876)로 일본 해군 수로료(水路寮)와 육군 참모국(參謀局), 지폐료(紙幣寮) 등에서 간행한 조선 관련 지도는 일본 국립국회도서관과 국립공문서관 내각문고에 소장된 것이 네 개 정도가 확인된다. 小林茂 編, 2017, 『近代日本の海外地理情報收集と初期外邦図』, 大阪大學出版會, 26쪽.

60) 小林茂 編, 위의 책, 51쪽.

61) 참모본부 소속 장교들의 측량활동과 지도는 다음 두 연구가 상세하다. 그리고 미국 의회도서관에 소장된 측량지도는 현재 오사카대학 인문지리학교실(大阪大學人文地理學敎室)에서 구축한 'アメリカ議會図書館藏 初期外邦測量原図データベース'를 통해서 온라인상으로 열람이 가능하다. 남영우, 2011, 『일제의 한반도 측량침략사』, 法文社 ; 小林茂 編, 위의 책, 제2장과 제3장, 제5장.

지의 거리가 150리, 수로로는 300리라는 정보를 얻어냈다.[62] 육군대위 오카모토 류노스케는 경성을 비롯하여 개성까지 주요 지역(樞要ノ箇所)의 거리가 얼마나 떨어져 있는지도 문의하였다.[63] 같은 날 오경석과 현석운이 미야모토 오카즈(宮本小一)와 모리야마를 만난 자리에서는 남양과 인천 사이가 130리 떨어져 있음을 확인하였다.[64]

2월 5일 초지진에서 육로를 통해 강화유수를 만나러 가는 길에 육해군 사관들이 동행하였다. 이들은 약도(略圖)를 작성하여 구로다와 이노우에에게 전달하기도 했다.[65] 이날 지리를 살피기(地理ヲ察訪) 위해서 통역을 데리고 나간 장교들은 이소바야시 신조(磯林眞三) 소위를 포함하여 모두 다섯 명이었다.[66] 이 날 모리야마는 "수로가 극히 불편하기 때문에 오늘만으로 제한하지 말고 이후로도 때때로 육로로 왕복할 것"을 조병식에게 요청하기도 했다.[67] 이것은 편의를 구실로 삼아 수시로 수행원으로 온 군인들이 조선 내지를 왕복하면서 정보를 수집하겠다는 의도를 갖고 있었음을 보여준다. 조병식은 여기까지 오기 번거로우니 초지진으로 특별히 파견하겠다고 하면서 요구를 들어주지는 않았다.

....

62) 강화부까지 100리, 강화에서 경성까지는 300리라는 내용은 1월 28일 박제근과 고영주가 일본 측과 만난 자리에서도 나온다. 하지만 조선 측에서는 각각 '100여 리'와 '200여 리' 정도라고만 개략적인 거리만 말했다. 이 대목은 『丙子擾錄』과 『乙丙日記』를 비교해 보면 전자에 문구가 약간 누락되어 있다는 점을 발견할 수 있다. 「問答抄」, 『丙子擾錄』 上, 35쪽 ; 『국역 을병일기』 原文編, 19쪽 ; 『日本外交文書』 제9권, #4 「我カ國艦船ノ往訪問情ノ件」, 25쪽.

63) 『日韓外交資料集成』 제1권, #36 「黑田辨理大臣隨行安田開拓少判官ノ報告書」, 124쪽·128쪽.

64) 『日本外交文書』 제9권, #6 「黑田辨理大臣一行ノ江華府前往ニ關スル件」, 27쪽.

65) 『日韓外交資料集成』 제1권, #39 「森山外務權大丞等ヨリ黑田辨理大臣等宛」, 143~144쪽.

66) 『日本外交文書』 제9권, #1 附記1 1876년 2월 5일, 21쪽.

67) 『日韓外交資料集成』 제1권, #39 附記, 147쪽.

2월 17일에는 육군사관 2~3명이 한강 근처를 측량하였다. 이를 안 현석운이 저녁 때 항의하러 와서 속히 군인들의 측량작업을 제지해 달라고 요청했다.[68] 조선 측에서 허용하지 않은 내지 측량작업을 벌이고 있는 일본군인들의 행동에 제동을 걸었던 것이다. 하지만 이들의 정탐활동은 조선 측 의사와는 관계없이 이후에도 지속되었다. 정탐활동을 전개하면서 내지 정보를 수집한 결과는 조선 관련 지도에 하나씩 반영되어 나갔다.[69]

4. 맺음말

이상과 같이 『丙子擾錄』의 전체적인 내용과 구성을 검토해 보았다. 이 자료는 기존에 소개된 『심행일기』와 『을병일기』와 겹치는 문서를 다수 수록하고 있다. 조선 측 장계와 관초, 장계 등의 문서가 중첩되고 있음을 알 수 있는데, 어느 한 가지 자료만 가지고 편집한 것으로 보이지는 않는다. 문서 중간 중간에 들어간 이두식 표현이나, 문서 내용의 편차와 글자의 입출(入出), 다른 자료에서 보이지 않는 공문을 『丙子擾錄』 상권의 앞부분에 수록하고 있다는 점 등을 고려해 볼 때 이 책자는 계통을 달리하는 여러 개의 문서를 종합 편집한 것임을 알 수 있다. 편찬자가 누구인지는 정확하게 알 수는 없으나, 적어도 지방관의 공문과 신료들의 상소를 입수할 수 있는 관직에 있던 사람이 아니었을까 추정된다.

....

68) 『日本外交文書』 제9권, #14 附記, 70쪽.

69) 1876년 7월 이사관 미야모토 오카즈의 도한에서부터 1879년 6월 대리공사 하나부사 요시모토(花房義質)가 다녀갈 때까지 이들을 수행하여 온 일본군 장교들이 정탐활동을 전개하면서 조선 관련 정보를 수집해 나간 일련의 과정은 다음 연구에서 상세히 다루었다. 박한민, 2013, 「조일수호조규 관철을 위한 일본의 정찰활동과 조선의 대응」, 『歷史學報』 217.

『심행일기』와 『을병일기』에 들어가 있지 않은 공문이나 문정 기록도 포함하고 있다는 점에서 『丙子擾錄』은 조선 측 입장과 대응을 세부적으로 확인해 볼 수 있는 보완적 성격을 갖고 있다.

『丙子擾錄』이 다른 자료에서 확인되지 않는 문정기나 장계를 수록하고 있다는 점은 주목할 부분이다. 본문에서는 일본군 병력의 동향과 관련하여 훈도가 일본 관리에게 항의하면서 발언한 내용들을 복원해 낼 수 있었다. 나카무타 구라노스케가 데리고 온 해군의 '난출'과 그에 따른 조선인들의 피해, 운요호 사건을 일으킨 일본인들에 대한 인식, 국기에 대한 인식 등을 사례별로 살펴볼 수 있었다.

구로다 사절이 온다는 소식을 전달하는 히로쓰에게 훈도가 '선량함 없이 어지럽히는 부류'가 벌이는 '작폐(作弊)'이자 '작경(作梗)'이라고 한 발언은 사건의 성격을 조선 측에서 어떻게 보고 있었는지를 상징적으로 잘 보여주는 대목이다. 적극적으로 변론하면서 운요호 사건과 관련된 논의를 해보고자 훈도는 몇 차례 일본관리들과 접촉을 시도했다. 하지만 결과적으로 일본 측이 무대응으로 일관하면서 목적을 달성하지는 못했다. 조선 측이 일본 측에서 일으킨 사건에 대해 항의한 내용은 일본 측 기록에서는 소략하거나 언급하지 않는 내용이 적지 않다는 점을 『丙子擾錄』에 실린 기록과의 대조를 통해 확인할 수 있었다. 이러한 사실은 앞으로도 조선 측 관련 자료의 발굴과 재조명을 통해서 개항 이후의 한일관계를 재조명해 나가야 할 부분이 적지 않다는 점을 시사한다.

양쪽이 각자의 입장과 이해관계에 따라 강조점을 달리하면서 기록을 선별해서 남기는 경우가 적지 않다는 점을 보여주기 때문이다. 이러한 점들을 고려해 볼 때 향후에도 개항 이후 조일 관계에 깊숙이 관여했던 여러 인물들의 관련 자료를 꾸준히 지속적으로 발굴하고, 사료비판을 통해 양측의 입장과 인식을 검토하는 작업이 이루어질 필요가 있을 것이다.

부록 : 『丙子擾錄』 수록 문서 목록

〈上卷〉

순서	문서명	타 자료 수록 여부
1	直谷開商倭情條辨	『龍湖閒錄』 卷4, #1130
2	別論	『龍湖閒錄』 卷4, #1130
3	訓導玄昔運錄告	
4	問答抄	
5	手本抄	
6	伏白今月二十二日理事官倭廣津弘信請接爲言	
7	另具	『日本外交文書』 제8권, #67
8	口陳書	『日本外交文書』 제8권, #67
9	慶尙左水營所來	『倭使日記』 卷1, 丙子 正月 初二日 ; 『日本外交文書』 제9권, #3
10	沁留狀啓	
11	又狀啓	
12	問情草	『乙丙日記』 1월 4일 ; 『日本外交文書』 제9권, #4
13	畿伯狀啓	『倭使日記』 卷1, 正月 初四日 啓下
14	問情官手本	『乙丙日記』 1월 6일 ; 『倭使日記』 卷1, 正月 初七日
15	發關沁營	
16	副官尹滋承狀啓	
17	副官尹滋承等狀啓	
18	畿伯狀啓	
19	又狀啓	
20	仁川防禦使狀啓	『乙丙日記』 1월 9일
21	副官尹滋承狀啓	『沁行日記』 1월 11일 ; 『倭使日記』 卷1, 正月 十一日 啓下
22	副官尹滋承等狀啓	
23	畿伯狀啓	
24	又狀啓	
25	仁川防禦使狀啓	

순서	문서명	타 자료 수록 여부
26	江華判官朴齊近狀啓(3통)	『乙丙日記』 1월 11일
27	沁啓	『乙丙日記』 1월 11일
28	副官尹滋承等狀啓	『乙丙日記』 1월 12일 ; 『倭使日記』 卷1, 正月 十三日
29	後	『乙丙日記』 1월 12일
30	江華判官狀啓	『倭使日記』 卷1, 正月 十五日
31	畿伯狀啓	
32	江華判官狀啓	『倭使日記』 卷1, 正月 十五日
33	畿伯狀啓	『乙丙日記』 1월 15일 ; 『倭使日記』 卷1, 正月 十六日
34	江華判官狀啓(2통)	『倭使日記』 卷1, 正月 十六日(두 번째 장계만)
35	畿伯狀啓	『乙丙日記』 1월 16일
36	江華判官狀啓	
37	畿伯狀啓	
38	江華判官狀啓	『乙丙日記』 1월 16일 ; 『倭使日記』 卷1, 正月 十七日
39	接見大官副官等狀啓	『乙丙日記』 1월 16일 ; 『倭使日記』 卷1, 正月 十七日
40	沁留狀啓	『乙丙日記』 1월 17일 ; 『倭使日記』 卷1, 正月 十七日
41	後譯漢文	『乙丙日記』 1월 17일
42	宴饗後接見時彼我大副官問答勾語	『乙丙日記』 1월 17일 ; 『倭使日記』 卷1, 正月 十九日
43	翌日	『乙丙日記』 1월 18일 ; 『倭使日記』 卷1, 正月 二十日 啓辭
44	接見大副官狀啓	『沁行日記』 1월 19일(앞 3줄) ; 『乙丙日記』 1월 20일 ; 『倭使日記』 卷1, 正月 二十一日 啓下
45	後	『沁行日記』 1월 19일 ; 『乙丙日記』 1월 20일
46	申輔國橞私書	
47	議政府答書	『沁行日記』 1월 26일
48	議政府	『倭使日記』 卷1, 正月 二十四日
49	彼人初次條款	『乙丙日記』 1월 19일

〈下卷〉

순서	문서명	타 자료 수록 여부
1	我國答書	『乙丙日記』 1월 30일
2	我國答送條規	『沁行日記』 1월 28일 ; 『乙丙日記』 1월 30일
3	批准冊子	『沁行日記』 2월 1일 ; 『乙丙日記』 2월 1일
4	敍事冊子	『沁行日記』 2월 1일 ; 『乙丙日記』 2월 1일
5	修好條規	『沁行日記』 2월 1일 ; 『乙丙日記』 2월 1일
6	發關沁營	
7	發關沁留	
8	發關接見從事官	
9	沁留狀啓	
10	沁留狀啓	『沁行日記』 2월 3일
11	接見大副官狀啓	『倭使日記』 卷2, 二月 初五日
12	後	『沁行日記』 2월 3일 ; 『倭使日記』 卷2, 二月 初五日
13	沁留狀啓	『乙丙日記』 2월 4일
14	又狀啓	『乙丙日記』 2월 4일
15	大副官狀啓	
16	彼人進獻物目	『乙丙日記』 2월 4일 ; 『倭使日記』 卷2, 二月 初四日
17	內下賜給彼人物目	『乙丙日記』 2월 4일 ; 『倭使日記』 卷2, 二月 初四日
18	彼大官回禮我接見大副官從事以下軍官諸任譯物目	『乙丙日記』 2월 4일 ; 『倭使日記』 卷2, 二月 初四日
19	沁留回禮物目	『乙丙日記』 2월 4일 ; 『倭使日記』 卷2, 二月 初四日
20	三軍府草記	『乙丙日記』 2월 5일
21	宮本小一洋船鴉烟西學等事嚴斥手錄	『沁行日記』 2월 2일 ; 『龍湖閒錄』 卷4, 「彼人手錄」
22	德談書	『沁行日記』 2월 3일 「彼大臣小紙」

순서	문서명	타 자료 수록 여부
23	日本批准草	
24	江華留守趙秉式上疏	『乙丙日記』 1월 14일
25	接見大官申櫶上疏	『乙丙日記』 1월 28일
26	江華留守書目	
27	前司諫張皓根上疏	『乙丙日記』 1월 23일 ; 『高宗實錄』 13년 1월 23일
28	前持平李學淵上疏	『高宗實錄』 13년 1월 20일
29	死罪臣崔益鉉上疏	『乙丙日記』 1월 23일 ; 『高宗實錄』 13년 1월 23일 ; 『龍湖閒錄』 卷4, 崔益鉉上疏
30	副護軍尹致賢上疏	『乙丙日記』 1월 30일 ; 『高宗實錄』 13년 1월 28일

「강화도 조약의 재검토」
- 메이지 유신 이후 조일간 외교 교섭과 『丙子擾錄』

김종학 ㅣ 국립외교원

본 발표에서 소개된 『丙子擾錄』은 1876년 조일수호조규 체결과정에서의 주요 문서를 모아서 편찬한 문서집이다. 이 책은 지금까지 학계에 전혀 알려지지 않은 미간문헌으로서, 관찬사료는 물론 위당(威堂) 신헌(申櫶)의 강화도 협상일지인 『沁行日記』나 관계 요로의 인물이 편찬한 것으로 추정되는 『乙丙日記』에 수록되지 않은 문서 일부를 포함하고 있다는 점에서 향후 조선의 입장에서 조일수호조규 체결과정을 재구성하고 그 역사적 의미를 재해석하는 데 크게 기여할 것으로 생각된다.

『丙子擾錄』에 관해선 앞으로 심층적인 연구가 이뤄져야 할 것으로 생각된다. 여기서는 상권 가운데 본인이 처음 본 문서 2건에 관해서만 간략히 코멘트하고자 한다.

① 「훈도 현석운 보고」(발표문 15쪽 3번문서)

이 문서에 관해선 발표자도 발표문 9~12쪽에서 상세히 설명하였다. 1875년 12월 17일 히로쓰 히로노부(廣津弘信)는 전권변리대신의 강화도 파견을 사전 통고하는 임무를 띠고 '先報使'라는 명목으로 부산에 도착했다.

그리고는 훈도 현석운에게 사절파견 목적에 대해 서계문제와 운요호사건의 시비를 가리기 위해서라고 설명했다. 이에 대해 훈도 현석운이 응수한 내용을 담은 문서이다.

여기에는 몇 가지 주목할 사실이 있다. 첫 번째는 사절파견 이유로 일본 측에서 거론한 서계문제와 운요호사건에 대해 현석운이 응수한 말과 훗날 강화도에서 공식협상이 열렸을 때 신헌이 대응한 내용이 정확히 동일하다는 것이다. 이는 선보사가 파견되기 전부터 이미 누군가가 서계문제와 운요호사건이 조일 간 분쟁을 촉발할 것을 예측하고 그 대응방법을 사전에 현석운과 신헌에게 지시해 두었음을 암시한다.

두 번째는 12월 22일 훈도 현석운이 동래부사 홍우창의 명에 따라 일본인들을 방문해서 외무경과 외무대승의 서계를 변통하는 조건으로 전권대신의 강화부 파견을 중지할 것을 제안한 기록이 누락되어 있는 점이다. 이와 관련해선 서울대학교 고문헌자료실에 소장된 『朝鮮關係考證彙集』「先報理事日誌拔萃應接書內話書取」라는 문헌에 히로쓰와 현석운의 대담내용이 수록되어 있다. 사실 현석운이 부산에 파견된 가장 중요한 이유는 여기에 있었다. 그럼에도 불구하고 이 기록이 『丙子擾錄』에 누락된 이유는 무엇일까? 그것은 이 제안이 조선정부의 공식결정이 아니라, 비공식적으로 이뤄진 것이기 때문이라고 추측된다. 조일수호조규 체결과정에 대한 연구가 어려운 이유는, 이처럼 중요한 결정이 막후에서 이뤄진 경우가 많기 때문이다. 막후에서 협상을 지휘한 것은 당시 이조판서 민규호, 영의정 이최응, 그리고 원임우의정 환재 박규수였다.

세 번째는 히로쓰가 사절 파견이유로 서계문제와 운요호사건의 '辨理'만을 거론하고 조약체결에 관해선 전혀 거론하지 않은 사실이다. 일본인들이 처음 조약체결이라는 말을 꺼낸 것은 제2차 공식회담(1876.2.12)에 이르러서였다. 히로쓰의 부산 파견에 즈음하여 주청공사 모리 아리노리(森有禮)가 청으로 파견되는데, 이때도 조약체결이라는 말은 꺼내지 않았다. 이 때문에 일본 전권변리대신과 담판을 벌인 신헌의 관함이 단순히 '접견대관'이 되었던 것이다.

② 「신보국헌사서(申輔國櫶私書)」(발표문 16쪽 46번문서)

이 서한은 강화도협상 대표였던 신헌의 상황인식을 적나라하게 드러낸다는 점에서 주목된다. 그렇다면 이 서한은 언제 작성되었으며, 수신자는 누구였을까? 바로 앞에 실린 45번문서는 1월 20일(음력)자로 되어 있고, 뒤에 수록된 문서는 『沁行日記』 1월 26일(음력)자에 실려 있다. 그런데 『沁行日記』의 모든 문서는 강화도 현지에서 작성한 날짜 기준이고, 『乙丙日記』와 『丙子擾錄』은 조정에서 이를 접수한 날짜 기준으로 수록하고 있다. 따라서 신헌의 서한은 1월 19일에서 25일(음력) 사이에 작성된 것으로 보인다. 그런데 『沁行日記』 1월 21일(음력) 기록에 따르면, 신헌이 영의정 이최응에게 서한을 보낸 기록이 있다. 그렇게 본다면 이 서한은 1월 21일에 신헌이 영의정 이최응에게 보낸 것으로 추정할 수 있다.

이 서한의 전문은 다음과 같다.

> 이른바 조약이라는 것은, 비록 13개 조관으로 되어 있지만 영흥(永興)의 개관(開館)과 4개 도 가운데 한 곳에 개관통상(開館通商)하는 것, 그리고 사신은 15개월 이후에 수도로 갔다가 혹은 귀국하고 혹은 주재하는데 그 때 편의하게 한다는 것에 지나지 않습니다. 그 요점을 정리하면 이와 같을 뿐입니다.

즉, 신헌은 일본인들의 핵심 요구가 영흥의 개항과 4개 도(경기·충청·전라·경상) 연안 항구 1개의 추가 개항, 사신의 수도 파견에 있으며, 다른 조관들은 기존 교린관계의 연장 또는 재확인이라고 파악하고 있었던 것이다. 오늘날 조일수호조규를 불평등조약으로 평가하는 주된 근거인 '자주지방' 규정이나 연해의 자유항행 및 측량권, 무관세무역 등에는 전혀 관심을 두지 않았던 것이다. 신헌이 보기에 조일수호조규의 체결이 초래할 새로운 사태는 앞에서 거론한 몇 가지 사항에 지나지 않았다. 단, 이는 신헌이나 조선인들이 국제정세에 어두웠기 때문이라기보다는 조약문 자체의 애매함 (ambivalence)에 문제가 있었다.

1월 28일(음력) 의정부에서 일본 측에서 제출한 조약원안에 대해 공식 검토한 문서가 강화도 현지에 하달됐다. 여기서 문제시한 것은 ①영흥개항 불가, ②4개도의 개항 불가(경기 및 호서·호남은 허락할 수 없으며 영남에서 1개 항구만 개항 가능), ③사신 파견 반대 등이었다. 최혜국대우 조항인 제13관에 반대한 것을 제외하고선 신헌이 언급하지 않은 다른 조항에 대해선 이의가 없었다. 그렇게 본다면 신헌의 이 서한은 조선정부의 인식과 대응에 큰 영향을 미쳤음을 짐작할 수 있다.

일본의 개항과 거류지 문제
- 청국의 영사재판권 행사사례를 중심으로

조 국 | 서울대학교

1. 머리말

막부 말기 체결된 안세이 5개국 조약에 의거해 형성된 일본의 외국인 거류지는, 조약개정을 통해 영사재판권이 철폐되고 외국인과의 '내지잡거'가 실시된 1899년까지 40여년간 지속되었다. 거류지의 성립에서 폐지에 이르기까지의 외교 교섭을 중심으로, 각 개항장을 망라하여 분석한 오야마 아즈사大山梓는 일본의 거류지 제도가 '나라 안의 小外國'의 형성을 저지했다고 결론 내린다.[1] <표1>에서 정리한 바와 같이, 일본의 거류지는 잡거지를 포함하여도 비교적 규모가 작았으며 외국인의 자치권 또한 제한적으로 행

---

* 본 발표문은 2018년 3월 필자의 박사학위 논문(「居留地時代(1859~1899年)における「開國日本」の實態と「外國人」
  ―在留淸國人の地位, 管理問題を中心に」)의 일부를 수정, 보완한 것이다.

1) 大山梓, 『舊條約下に於ける開市開港の研究 - 日本に於ける外國人居留地』, 鳳書房, 1967, 285쪽. 일본의 각 개항장에 대한 연구는 지자체가 주도하여 편찬한 市史, 縣史를 시작으로 개별적, 실증적 연구가 축적되어 왔다. 그러나 개항장 전체에 대한 종합적인 연구는 상기한 오야마의 선구적인 업적 이후에는 거의 전무한 실정이다.

사되었다고 할 수 있다. 이는 당시 일본과 청이 서양과 체결한 불평등 조약
이, 그 구제적인 내용에서는 '패전 조약'(청)과 '교섭조약'(일본)으로 명명될
정도로 '불평등'의 강도가 달랐던 것처럼,[2] 거류지의 형성과 전개 과정에
있어서도 '외압'의 조건이 서로 달랐음을 시사한다.

〈표1〉 각 개항장 비교표(단, 도쿄는 개시장)

장소	개항 개시일	잡거지 유무	거류지 면적(평)	永代借地 구역	유기한 차지 구역	외국인 자치
橫濱	1859.7.1.	×	386,892	거류지	-	1867년 폐지
函館	1859.7.1.	○	14,946	관유지	민유지	-
長崎	1859.7.1.	× (稻佐 잡거특례)	108,760	거류지	-	1876년 폐지
神戶	1868.1.1.	○	72,977	거류지 및 잡거지 일부	잡거지 대부분	1899년 폐지
大阪	1868.1.1.	○	13,530	거류지 및 잡거지 영사청, 의회 부지 등	잡거지 대부분	1899년 폐지
東京	1869.1.1.	○	66,702	거류지 및 공사관 부지	잡거지	-
新潟	1869.1.1.	○ (거류지설정X)	2,282	-	잡거지	-

출전: 伊藤泉美, 「外國人居留地の開設」, 明治維新史學會編, 『講座 明治維新 第6卷 明治維新と
外交』, 有志舍, 2017, 156~157쪽; 村田明久, 「開港7都市の都市計畵に關する硏究」, 早稻
田大學 이공학연구과 박사학위논문, 1995, 124쪽; 외무성기록 3-12-2-61 『外國人居留地竝雜
居地區域內ノ面積及人口調査一件』 Jacar Ref.B12082579000를 참조하여 작성.

그러나 이같은 시각은 어디까지나 '서구의 충격'에 따른 '근대화 과정'을
전제로 한 것으로, 반드시 개항 이후의 일본의 거류지 실태를 보여준다고
할 수 없다. <표2>는 거류지가 폐지된 1899년까지 일본 재류 외국인의 인
구 추이를 정리한 것인데, 여기에서 주목되는 것은 바로 청국인의 존재이
다. 이들은 1894년 청일 전쟁 발발이라는 특수한 시기를 제외하고, 개항장

----

2) 加藤祐三, 『幕末外交と開國』, 講談社, 2012.

외국인의 절반 이상을 차지하고 있었다. 일본의 거류지 실태를 파악하기 위해서는 이들 청국인의 존재 양태를 밝히는 작업이 필수 불가결하다고도 하겠다. 더욱이 일본과 청은 1871년의 수호조규 체결로 근대적인 조약 관계를 맺는 한편으로, 상호 대등성을 전제로 영사재판권에 대해서도 서로 승인을 하였다. 불평등 조약의 대표적인 규정이라고도 할 수 있는 영사재판권이 재류 청국인에게 적용되었다는 사실은, '서구와의 불평등 조약 하에 성립된 거류지'라는 시각으로는 개항 이후 일본에서의 거류지 문제를 온전히 이해할 수 없음을 뜻한다고 하겠다.

〈표 2〉 개항 이후 외국인 인구 추이(1876~1899년)

	외국인 총수	청국인 인수	청국인 비율	요코하마		고베		나가사키	
				총수	청국인	총수	청국인	총수	청국인
1876	4972	2449	49.25	2727	1231	335	-	862	616
1877	5071	2393	47.19	2404	1142	607	-	799	561
1878	5600	2996	53.5	3085	1851	809	619	711	579
1879	6022	3521	58.47	3626	2245	872	617	779	480
1880	6026	3620	60.07	3937	2505	889	517	771	568
1881	6187	3571	57.71	3773	2334	929	547	836	550
1882	6335	3746	59.13	3512	2154	963	692	829	605
1883	7616	4983	65.43	4642	3363	986	594	906	659
1884	7117	4143	58.21	3688	2471	913	505	864	647
1885	6807	4071	59.81	3753	2499	-	630	866	644
1886	7046	4130	58.61	3904	2573	1000	630	952	692
1887	7560	4209	56.75	3837	2359	1139	597	1005	722
1888	8614	4805	55.78	4494	2981	1236	732	1005	699
1889	9062	4975	54.9	4562	3010	1441	887	1054	701
1890	9707	5498	56.64	4601	3004	1521	1433	993	692
1891	9550	5344	55.96	4933	3347	1537	913	1003	674
1892	9803	5574	56.86	4929	3339	1572	1133	917	620
1893	9633	5343	55.47	4946	3325	1655	1004	960	610
1894	5875	1576	26.83	2804	1174	1194	455	663	283

1895	8246	3642	44.17	3532	1808	1807	988	1041	543
1896	9238	4533	49.07	4100	2268	2024	1121	1296	706
1897	10531	5206	49.44	4728	2743	2042	1250	1314	711
1898	11589	6130	52.9	5369	3284	-	1548	1388	824
1899	11561	6359	55	5088	3003	-	1587	1711	1146

출전: 외국인 전체 수(淺川晃廣, 『近代日本と歸化制度』, 溪水社, 32쪽), 요코하마(伊藤泉美, 「橫濱華僑社會の
　　形成」, 『橫濱開港資料館紀要』 9, 1991, 5쪽), 고베(洲脇一郞, 安井三吉, 「明治初期の神戶華商」, 『神
　　戶大學敎養學部紀要論集』 42, 1988, 2쪽), 나가사키(長崎縣立長崎圖書館編, 『幕末·明治期における長
　　崎居留地外國人名簿Ⅲ(解說)』, 長崎縣立長崎圖書館, 2004, 54~55쪽; 154~155쪽)에 의함.

이에 본 발표에서는 청일 간의 조약에 명확히 규정된 영사재판권을[3] 청
국이 어떻게 행사하였고 그 특징은 무엇이었는지를 밝힘으로써 일본의 개
항과 실태를 바라보는 새로운 시각을 제공하고자 한다.

....

3) 영사재판에 관해 청일수호조규 제8조는 "이사관(영사관)은 먼저 이해를 더하여 가
　능한 소송에 이르지 않도록 할 것이다. 이것이 불가능할 때에는 지방관과 협의하여
　쌍방이 참여해 공평하게 재단할 것이다"라고 하여, 내외국인의 혼합 민사사건에서
　영사의 조정 절차를 거쳐 공동 재판(會審)을 진행할 것을 규정하고 있다. 일본이
　서양 각국과 체결한 조약에 기제된 민사사건 규정은 단순히 피고인 본국의 관할을
　규정한 조약과, 영사의 조정 절차를 걸쳐(혹은 이를 생략하고) 공동 재판의 관할에
　맡기는 형태로 크게 구분할 수 있는데, 청일 간 영사재판은 후자의 형식에 가깝다
　하겠다. 다만 실제로는 조약에 규정된 '회심'을 대신하여 '관심'이라는 형태로 운영
　되었다(주38 참고). 또한 중재가 성립되지 않았을 경우 재판에 임하는 영사의 태도
　는 반드시 적극적이었다고도 할 수 없다. 이처럼 영사재판의 규정과 실제 운영에서
　는 상당한 괴리가 발생하는 부분이 있었으나, '영사재판권'이라는 대 전제가 있었
　기 때문에 오히려 각 사건에서 조약 해석과 적용을 둘러싼 외교적 공방은 특수한
　경우를 제외하고는 거의 확인되지 않는다. 때문에 본고에서는 영사재판의 조약 규
　정에 관한 상세한 검토는 생략하고, 각 사건의 내용 분석을 중심으로 청국이 행사
　한 영사재판의 실태를 규명하고자 하였다.

1. 영사재판권에 대한 연구 경향

영사재판 사례에 관한 실증 연구는 영사재판 자체가 가진 불평등성에 대
해 의문을 제기하고 있다.[4] 또한 영사재판에서 불평등성의 유무를 논하기
보다 "서로 다른 문화를 가진 사람들의 분쟁 해결 수단"으로서 그 기능적
측면에 주목할 필요성 또한 지적되고 있다.[5] 다만, 이들 연구는 대부분 서
양 각국이 행사한 영사재판을 주요 검토 대상으로 하고 있다. 동아시아 각
국이 서로 행사하는 영사재판이 조명을 받기 시작한 것은 비교적 근년에 들
어서라고 할 수 있다. 청일 양국에서 이루어진 영사재판의 비교나,[6] 조선에
서 청일 양국의 영사재판 사례,[7] 한청간 상호 영사재판권을 인정한 '한청통
상조약'의 조약 해석을 둘러싼 문제 등[8] 다양한 시점에서 분석이 이뤄지고

----

4) 영사재판의 실태에 대해서는 제도적 측면과 통계 사료를 중심으로 분석한 加藤英明,
「領事裁判の研究―日本における(1), (2)」, 『名古屋大學法政論集』 84, 86, 1980나,
고베에서 영국의 영사재판 사례를 분석한 岩村等, 「領事裁判記錄のなかの民事事
件―駐神戶英國領事館の明治初年の裁判記錄から」, 『大阪經濟法科大學法學論集』 33,
1994 등을 참조. 한편, 영미의 영사재판 관계 사료를 중심으로 통계적 분석을 수행
하여 '불공평'한 재판 결과는 예외적인 사례에 불과하였음을 지적하고 '영사재판권
=불공정'이라는 일반적인 인식에 대한 문제제기도 이루어졌다(Richard T. Chang,
The Justice of the Western Consular Courts in Nineteenth-Century Japan, Greenwood Press,
1984).
5) 森田朋子, 『開國と治外法權』, 吉川弘文館, 2005, 10쪽. 특히 메이지 초기 요코하마
에서 외국인 - 일본인 민사소송사례를 분석해 영사와 일본 관리 쌍방의 입회 속에서
재판이 이루어진 점, 일본 상인의 상업 습관이 판결에 반영된 점을 강조하고 있다.
6) Par Kristoffer Cassel, *Grounds of Judgement: extraterritoriality and imperial power in
nineteenth-century China and Japan*, Oxford University Press, 2012.
7) 이영록, 「개항기 한국에 있어 영사재판권」, 『法史學研究』 32, 2005; 한철호, 「개항
기 일본의 치외법권 적용 논리와 한국의 대응」, 『韓國史學報』 21, 2005; 정구선,
「개항 후(1876~1894) 일본의 치외법권 행사와 한국의 대응」, 『한국근현대사연구』
39, 2006; 中網榮美子, 「領事裁判權に關する基礎的考察と殘された研究課題」,
『民事研修』 664, 2012 등.

있다. 이 가운데 청국이 일본에서 행사한 영사재판권 문제에 국한해 보면, 동아시아 국제관계사,[9] 재일 화교사[10]의 측면에서 일부 연구가 이루어졌으나, 사례의 나열에 그쳐 체계적인 분석은 아직 진행되지 않았다고 할 수 있다.

　본 발표에서는 영사재판에 관한 통계적 추이를 개관하고 청국의 영사재판권에 대해 체계적인 분석을 시도하였다. 잔존 사료의 제약으로 분석 시기와 대상 지역은 1880년대~90년대 나가사키에서의 민사 사건에 한정하였으나,[11] 사건의 성격, 재판 형식에 대한 분류 작업을 통해 보다 체계적인 분석을 가하고자 하였다. 또한 민사사건의 검토를 통해 일본인과 청국인의 다양한 관계를 확인함과 동시에 근대적인 민사재판제도가 갖추어지지 않았던 청국과,[12] 민법 및 민사소송법 제정에 박차를 가하고 있었던 일본이 어떻게

....

8) 구범진, 「'한청통상조약' 일부조문의 해석을 둘러싼 한-청의 외교 분쟁」, 『대구사학』 83, 2006; 이은자, 「韓淸通商條約 시기(1900~1905) 중국의 在韓 치외법권 연구」, 『明淸史硏究』 26, 2006; 정태섭·한성민, 「乙未條約 이후 韓·淸 간 治外法權 연구(1906~1910)」, 『한국근현대사연구』 46, 2008 등.

9) 靑山治世, 『近代中國の在外領事とアジア』, 名古屋大學出版會, 2014.

10) 川口ひとみ, 「長崎訴訟關係史料からみる近代日中領事裁判權の運用」, 『長崎大學東アジア共生プロジェクト ワーキングペーパー』 4, 2013; 陳來幸, 「鄭孝胥日記にみる中華會館創建期の神戸華僑社會」, 『神戸商科大學 人文論集』 32-2, 1996 등.

11) 청국의 영사재판에 관한 사료는 외교적인 현안이 된 일부 사례가 외무성기록에 남아있으나 그 전모를 파악하기에는 어려운 상황이다. 시가와 지역을 한정할 경우, 나가사키 역사문화박물관에는 통계자료와 이에 부합하는 대부분의 관계사료가 남아 있어, 본고에서는 주로 이들 사료를 활용하였다. 한편, 청국 영사재판은 원칙적으로 '청국인 원고-청국인 피고', 혹은 '청국인 피고-다른 외국인 원고' 사이에서도 이루어졌으나 여기에서는 일본인과의 직접적인 이해 관계가 확인되며 일본 측의 대응이 보다 명확히 드러나는 '일본인 원고 - 청국인 피고'의 사례를 중심으로 분석하였다.

12) 물론 청국의 전통적인 사법 체제 안에서도 '민사'에 해당하는 재판은 존재하였으나 성문법(대청율례)에 기반한 형사재판과는 다른 성격을 띠고 있었다. 청대의 민사재판의 성격을 둘러싼 논점에 대해서는 滋賀秀三, 「淸代の民事裁判について」, 『屬·淸代中國の法と裁判』, 創文社, 2009를 참조.

교착하고 있었는가를 확인하고자 한다.

2. 영사재판 사례에 대한 통계 추이

2.1 사법성 통계연보의 의의와 한계

사법성 통계연보를 이용한 구체적인 분석은 이미 선행 연구를 통해 이루어졌으나,[13] 여기에서는 나라별, 지역별 통계 가운데 나가사키 및 재류 청국인에 관한 통계를 확인하고 사법성 통계의 의의와 한계를 언급해 두고자 한다. 사법성에서는 1875년 이래 매년 민사, 형사 통계 연보를 발간하였는데, 제4회 연보(1878년) 이후부터 권말 부록으로 영사재판과 관련한 통계를 수록하였다.[14]

표<3, 4>는 1878년부터 1898년까지 일본인이 원고가 되어 외국인을 고소한 영사재판 소송 건수를 나라별, 개항개시장별로 정리한 것이다. 우선 나가사키에서의 소송 건수는 각 개항장 외국인 규모에 상응하고 있으며 요코하마, 고베에 이어 다수를 점하고 있는 것을 알 수 있다. 다만 나가사키의 경우 다른 지역에 비교하여 형사사건 건수가 많다는 특징이 보인다. 형사사건은 매년 새로 접수된 사건(新受事件) 건수만이 기재되었음에도 민사사건의 연延 건수에 필적하고 있음이 확인된다.

....

13) 加藤英明, 위의 논문; 森田朋子, 「明治期における外國人關係裁判(1)」, 『人文學部研究論集』 27, 2012; 長沼秀明 「寺島宗則外務卿時代における領事裁判權撤廢問題についての硏究—領事裁判と 「內外交渉訴訟」」, 『明治大學人文科學硏究所紀要』 47, 2000 등.

14) 민사의 경우 「各國領事取扱內國人ヨリ外國人ニ係ル訴訟件數」, 형사의 경우 「外國人ニ係ル刑事訴訟」이라는 표제 하에 권말 부록 형태로 수록되어 있다.

<표 3> 개항개시장 소송 건수(1878~1898년)

	요코하마	고베	나가사키	오사카	도쿄	하코다테	니가타	합계
민사 (延 건수)	2401	810	418	89	57	18	8	3801
형사 (新受)	709	580	419	38	10	4	1	1761

<표 4> 국가별 소송 건수(1878~1898년)

	영국	청국	미국	독일	프랑스	포르투갈	러시아	네덜란드	기타	게
민사 (延 건수)	1294	838	625	326	255	104	94	67	198	3801
형사 (延 건수)	739	1306	326	150	143	41	259	36	68	3038

출전: 加藤英明, 「領事裁判の硏究―日本における (2)」, 『名古屋大學法政論集』 86, 1980, 120쪽, 124쪽.

다음으로 나라별 소송 건수를 보면 청국인은 민사사건에서 영국에 이어 가장 많고 형사사건에서는 가장 많은 수를 차지하고 있다. 형사사건은 두 번째인 영국의 약 1.8배에 달하고 있으나, 재류 외국인 가운데 청국인이 차지하고 있는 비율을 고려하면 오히려 민사사건에서 청국인의 건수가 적다고 보는 편이 타당할 것이다. 도박이나 아편 문제와 같은 범죄 행위가 당시 재류 청국인의 이미지로 쉽게 떠오르지만 이는 청국인에 대한 멸시, 편견에 의해 확대, 과장, 강조된 측면이 있다는 사실에도 주의할 필요가 있다.[15]

이들 재판 건수 가운데 개항장별 형사사건만이 매년 새로 접수된 新受 건수가 표기되어 있다. 다른 항목은 접수된 해에 완결이 나지 않아 이듬해로 이월된 건수(舊受)도 포함된 누적 수이기 때문에 실제 건수를 명확히 파악하

15) 伊藤泉美는 메이지 초기의 『橫濱每日新聞』 범죄 관련 기사를 분석한 결과, 청국인 범죄 발생률이 서양인에 비교하여 현저히 낮았다는 사실을 지적하고 있다(伊藤泉美, 「橫濱華僑社會の形成」, 『橫濱開港資料館紀要』 9, 1991, 22쪽).

기에는 어려운 점이 있다. 한편 민형사 모두 각 연도의 신수, 구수 총수가 기록되어 있으나 각 개항장을 기준으로 할 경우 형사사건만이 정리되어 있으며 민사 통계의 경우 개항장별 구분 없이 소송 종류, 결과, 국적별로 분류되어 있다. 또한 사법성 통계는 민사뿐 아니라 형사 사건에서도 보다 구체적인 수치, 즉 각 개항장에서의 국적 별 신수·구수의 추이까지는 파악이 불가능하다는 한계가 있다(표 <5, 6>를 참조). 이들 통계 사료에서는 일본에서 청국의 영사재판이 실제로 기능하고 있었으며 영사재판 건수 또한 재류 외국인의 인구비에 상응하는 경향이 있었다는 확인할 수 있지만, 나가사키에서의 구체적 통계를 파악하기 위해서는 추가적인 자료가 필요함을 드러내고 있다.

<표 5> 민사 소송 건수의 추이(1878~1895년)

		1878	1879	1880	1881	1882	1883	1884	1885	1886	1887	1888	1889	1890	1891	1892	1893	1894	1895
소송 건수	舊受	51	68	88	44	61	95	110	102	76	65	54	63	67	88	92	58	52	45
	新受	81	94	31	124	128	155	149	90	101	88	96	99	154	176	150	146	96	86
	合計	132	162	119	168	189	250	259	192	177	153	150	162	221	264	242	204	148	131
소송 결과	願下	15	11	45	36	17	24	16	11	11	3	18	9	28	11	54	32	21	27
	解訟	3	17	28	10	18	23	66	28	24	6	14	21	25	34	29	16	20	29
	棄却	4	2	6	9	12	18	12	14	1	16	3	4	6	31	11	15	10	7
	直	31	38	49	42	40	53	50	52	53	57	44	49	64	72	66	64	32	23
	曲	6	6	9	10	7	20	13	11	23	18	8	12	10	24	24	25	21	11
	未決	73	88	72	61	95	110	102	78	65	53	63	67	88	92	58	52	44	34
원고 관할 지역	東京	14	7	9	6	4	4	3	1	2	1	0	2	1	0	1	1	1	1
	大阪	5	3	1	2	4	2	4	5	7	2	6	11	7	8	6	5	5	0
	神奈川	69	88	137	112	146	187	200	131	107	99	90	99	112	182	155	115	85	70
	兵庫	34	48	51	38	29	23	25	30	26	21	28	25	68	53	52	60	40	41
	長崎	6	10	6	10	6	31	27	23	27	31	25	27	32	20	29	23	17	19
	開拓使	4	6	5	0	0	1	0	2	新潟8	0	0	0	0	0	0	0	0	0
영사 국명	영국	55	63	77	43	51	52	72	62	53	41	51	58	70	107	81	73	50	44
	미국	21	32	43	44	30	26	28	24	21	20	20	20	42	38	39	26	26	35
	청국	13	20	37	37	68	99	84	41	50	44	42	43	59	58	64	44	27	8
長崎 비율		4.5	6.1	5	5.9	3.1	12.4	10.4	12	15.3	20.3	16.7	16.7	14.5	7.6	12	11.3	11.5	14.5
청국인 비율		9.8	12.3	31.1	22	36	39.6	32.4	21.4	28.2	28.8	28	26.5	26.7	22	26.4	21.6	18.2	6.1

출전: 『司法省民事統計年報』 각 연도 자료에 의거해 작성.

〈표 6〉 나가사키 형사사건의 추이(1878~1895년)

		1878	1879	1880	1881	1882	1883	1884	1885	1886	1887	1888	1889	1890	1891	1892	1893	1894	1895
求刑 건수	舊受	0	6	2	13	23	33	36	38	38	42	40	42	48	3	5	5	0	3
	新受	22	12	26	24	17	13	6	18	10	8	6	10	7	7	6	17	31	30
	合計	22	18	28	37	40	46	42	56	48	50	46	52	55	10	11	22	31	33
소송 결과	却下	0	0	0	0	0	2	0	1	0	0	0	0	0	0	0	0	0	0
	願下	0	0	0	0	1	0	0	1	0	0	0	0	0	0	0	0	2	0
	直	14	13	12	11	6	8	4	16	5	10	3	3	51	4	5	17	23	25
	曲	1	0	1	0	7	0	0	0	1	0	3	1	1	1	0	1	0	5
	中止	1	3	2	3	0	0	0	0	0	0	0	0	0	0	0	0	0	0
	未決	6	2	13	23	33	36	38	38	42	40	42	48	3	5	5	0	3	2
영사 국명	영국	5	2	0	2	0	0	0	7	1	0	0	3	1	2	1	3	8	10
	미국	3	1	3	1	2	4	2	2	1	3	1	1	1	1	1	3	2	9
	청국	13	10	15	14	18	25	23	29	26	29	27	29	32	5	6	10	10	1
各港 전체 합계	舊受	3	21	10	21	49	81	101	115	124	131	131	159	200	122	14	20	23	19
	新受	95	78	78	73	83	70	49	53	36	42	74	103	89	75	105	179	109	81
	合計	98	99	88	94	132	151	150	168	160	173	205	262	289	197	119	199	132	100

출전: 『司法省刑事統計年報』 각 연도 자료에 의거해 작성.

2.2 나가사키에서의 청국인 피고 민사사건의 추이

청국인 영사재판과 관련한 구체적인 통계자료로서 여기에서는 나가사키 역사문화박물관에 소장되어 있는 영사재판 관계 사료를 분석하고자 한다. 이들 자료를 통해 1880년대 후반(메이지 10년대)부터 약 10년 간 일본인 원고, 청국인 피고의 민사사건에 대한 대부분의 통계 수치를 확인할 수 있다. 우선 각 연도의 소송 건명, 재판 결과, 국적별 소송 건수 등의 정보를 하나의 표로 정리한 ‘民事訴訟各國領事へ添狀取調書’를 들 수 있다. 이는 전술한 사법성 통계 자료 작성을 위해 나가사키 현에서 조사, 정리한 것으로 보여지는데 1886년, 1888년~1893년의 각 연도별 자료가 현재 남아 있다.16)

....

16) 1886년은 『外事課決議簿 外國交涉民事 明治二〇年』(14 496-3. 이하, 책자명 뒤에 붙은 숫자는 소장관의 분류 번호를 뜻함. 또한 위와 같이 연도나 사안별로 작성된

또한 "內外人交涉民事訴訟件名簿"라는 책자는 원고, 피고, 건명을 포함하여 영사와의 왕복 문서를 중심으로 해당 시기의 각 사건에 대한 개요를 날짜순으로 정리한 자료이다.[17] 이들 자료와 각 사건별로 관계 서류를 정리한 장부들을 참조하여, 1880~93년의 민사사건을 정리한 것이 다음의 <표 8>이다.

이 표에서 알 수 있듯, 각 연도에는 이전 해의 미결 사건들에 비해 당해에 새로 수리된 건수(新受)가 적다. 1890~1893년의 4년만을 보아도, 연 건수는 43건에 이르지만 신수 건수는 10건에 그치고 있는 것이다. 연 건수로 표기되는 사법성 통계에서는 확인할 수 없는 각 연도의 전체수와 신수와의 명확한 차이를 알 수 있는 지점이다.[18] 이처럼 적지 않은 수의 舊受의 존재는 사건 해결에 이르기까지 상당한 시간이 필요하다는 것을 의미하기도 한다. 해당 시기의 일본인들 사이에 발생한 민사사건에서 사건 종결에 이르기까지 소요되는 시간과 비교해 보면(표 <7>), 그 차는 더욱 명백하게 나타난다. 이상의 통계적 경향을 염두에 두고 이하에서는 각 사안의 구체적인 내용을 검토해 보고자 한다.

....

『外事課決議簿』의 경우, 초출 이후는 모두 『外事課決議簿』로 약칭하고 분류번호에 따라 구별하였다), 1888, 89년은 『外事課決議簿 內外人交涉民事ノ部 明治二二年~二三年』(14 519-1), 1890~1893년은 『內外人交涉民事訴訟件名簿』(14 527-1) 가운데 수록되어 있다.

17) 책자 표제는 「明治二三年一月調」로 되어 있으나, 실제 내용은 1893년까지 포함되어 있다.

18) 1878~1893년간 내외국인 민사 소송의 전체건수(3323건) 가운데 新受 건수는 2044건으로 전체의 약 60%를 차지하고 있으며 나가사키에서의 청국인 소송 건수와 같이 전체 건수와 신수 건수에서 큰 차이를 보이지는 않는다. 나가사키에서는 舊受건수가 특히 많았던 이유에 대해서는 향후 추가적인 검토가 필요하다 하겠다.

〈표 7〉 지방재판소 제1심 심리 기간별 사건 해결 추이(1878~1890년)

	1878	1879	1880	1881	1882	1883	1884	1885	1886	1887	1888	1889	1890
10일 이하	31111	31478	27525	23917	1962	6098	5857	1571	1276	778	1042	1082	932
1개월 이하	50337	47780	48542	47224	11954	14823	11964	3953	3754	3474	4407	4795	4583
2개월 이하	25978	22360	23884	24107	8819	10320	7016	2793	2631	3033	2989	2830	3356
3개월 이하	13692	2858	13614	14321	5373	10331	3546	1444	1428	1782	1498	1226	1540
6개월 이하	15365	11537	13458	11430	5504	6383	4163	1419	1409	1872	1466	1172	1425
1년 이하	6659	4882	6019	4784	2661	3070	2322	770	601	854	561	336	425
2년 이하	2084	1780	1702	1202	492	622	416	321	178	167	119	74	69
3년 이하	327	238	181	182	55	76	95	81	36	11	11	11	6
3년 이상	58	30	56	30	24	12	11	9	18	25	5	3	8

출전: 林屋禮二, 菅原郁夫, 林眞貴子 편, 『統計から見た明治期の民事裁判』, 信山社, 2005, 「表2-4-4-1」에 의함.

3. 민사소송 내용 분석; 사건 성격에 따른 분류

3.1 금전관계

해당 시기 민사사건 가운데 가장 많은 수를 차지하고 있었던 것은 금전 관계 소송이었다. 특히 청국인 무역상이 일본의 주요한 수출품이었던 석탄, 도자기, 해산물, 버섯 등의 물품 대금을 지불하지 않아 발생한, 대금 청구 재판 사례가 다수 확인된다.

우선 廣業商會 나가사키 지점이 隆盛號를 상대로 제기한 소송 사건을 검토해 본다(①).[19] 광업상회는 당시 대청 무역을 장악하고 있던 청국인 상인에 대항하여 일본에서 1876년 6월 설립된 직수출 상사로,[20] 청국으로의 수출에 관한 화물 환어음의 발급, 위탁 판매, 생산 자금 대출 등의 업무를 담

....

19) 이하 원 안에 표기한 숫자는 〈표 8〉의 일련 번호를 뜻한다.
20) 초대 점장은 笠野熊吉이었다. 광업상회에 대해서는 黃營光, 『近代日中貿易成立史論』, 比較文化研究所, 2008을 참조.

당하였다.21) 소장 내용에서는 집하한 해산물을 무역상인 융성호에 판매한 내역이 상세히 기록되어 있어, 당시 광업상회의 구체적인 활동을 확인할 수 있다.

광업상회에 대한 수출품 판매대금은 후불 지급으로 이루어졌으며 이는 소장에서도 "당항 재류 지나 상인과의 상법 습관에 따라, 대금 유예<延拂> 의뢰에 의해 유예를 주고 차차 판매"하였다고 하듯, 당시 청국 상인과의 무역 거래 관행이기도 하였다.22) 융성호의 자금 융통은 상해를 통해 일본으로 들여온 물품 판매를 통해 이루어진 것으로 보인다. 이는 "잔금 500엔은 근일 상해에서 면제품 및 기타 물품 송부 관계 서류를 보낼 것이므로 해당 물품이 도착하는 대로 매각 대금을 (확보하여), 상회(=광업상회)에 결코 곤란한 일은 없을 것"이라는 융성호의 주장을 통해 엿볼 수 있다.23)

이 사건은 1880년 12월 31일, 청국 영사 余瓛의 재판 언도에 따라 미납금에 대해 "기한 등을 정하여 변제"하는 것으로 결정되었다.24) 그러나 피고인 융성호가 판결 내용을 이행하지 않았기 때문에, 재판 집행을 요구하는 원고의 소송과 조회가 이후에도 수 년에 걸쳐 이루어졌다. 결국, 1886년 6월 5일, "변제할 전망도 보이지 않는다"라는 원고의 소송 취하로 사건은 종결을 맞이하게 된다.25) 재판의 결과와는 별도로, 이를 이행하지 않는 청국인에 대한 강제적인 조치가 이뤄지지 않았다는 점, 또한 이에 대한 일본측의 권력 행사가 불가능했다는 점은 영사재판권에 따른 법권침해의 사례라고도 할 수 있겠다. 한편, 청국 상인에 의한 부당한 상업 관행을 배제하고

----

21) 黃營光, 위의 책, 75쪽.
22) 위와 같음.
23) 黑板祐平次→內海忠勝, 1880년 9월 25일, 『外事課決議簿』(14 498-3).
24) 余瓛→內海忠勝, 『外事課決議簿』(14 498-3).
25) 加悅章平→柳本直太郎(나가사키 현령 대리), 「願書御却下願」, 『外事課決議簿』(14 498-3).

청국으로 직수출 사업을 꾀한 광업상회였지만, 나가사키 지점에서 이루어진 실제 무역 거래에서는 청국 상인을 배제할 수 없었던 상황도 이 사건을 통해 엿볼 수 있다.

다음으로, 도자기 및 석탄 판매 대금 청구에 관한 다테바야시 마고시로立林孫四郎 외 3인에 의한 소송 사건을 검토해 본다⑤). 이 사건에서는 永吉祥이라는 상점에서 고용한 崔本民이 독자적인 상업 활동을 했었는가가 쟁점이 되었다. 1884년 6월 4일에 제출된 소송장에 의하면, 원고 측은 평소 영길상과의 거래에서 상품 판매자는 최본민이었으며, 판매 대금을 수취하는 자는 영길상의 주인인 陳梅谿였다고 주장하였다. 그러나 "본 건의 금액을 피고 (진)매계에 청구했는데, 매계는 이를 (최)본민의 소행이라며 청구에 응하지 않았다"고 하여 소송을 제기하게 된 것이다.

같은 달 20일의 영사 조회문을 통해 소장을 접수한 영사의 대응을 확인할 수 있다. 당시 진매계는 러시아 블라디보스토크에 체재중이었기 때문에 "60일을 기한으로 진매계 등이 당항에 되돌아 오지 않는다면 바로 (상품을) 공매 처분할 것"이라는 조치가 취해진 것이다. 이후 기한에 맞추어 귀국한 진매계에 대해 영사의 심문이 이루어졌으며, 11월 8일에 다음과 같은 판결이 내려졌다.[26]

> 피고 매계의 주장에 따르면 최본민은 실제로 同店의 客人으로 스스로 상업 활동을 하고 있으며 결코 대리 종업원(手代)이 아니고, 매입한 물품에 대해서는 더더욱 대금을 지불하기 어렵다고 한다. 다만 진매계는 최본민에게 자금을 빌려준 것 또한 사실이며, 본민은 매계를 위해 빚진 금액을 이미 장부에 기재하여 진매계의 손에 넘긴 것이므로 본 건은 당연 영길상의 가옥, 재산을 경매로 넘겨 금액에 따라 상각해야 할 것이다.

---

26) 余璃→柳本直太郎, 1884년 11월 8일, 『外事課決議簿』(14 498-3)

진매계는 최본민과 원고 사이의 매매 계약에는 관여하지 않았음을 주장했으나, 재판에서는 이를 인정받지 못하고 장부 기재를 근거로 한 원고 측의 승소(直) 판결이 내려진 것이다. 이 사건은 60일 한도로 한 공매 처분 방침이나 증거 중심주의의 판결이 내려진 점 등, 청국의 영사재판을 둘러싼 흥미로운 시사점을 제공해주고 있다. 또한 당시 재류 청국인들이 운영한 상점의 중층적인 운용 구조도 엿볼 수 있는 사례이다. 즉 규모가 큰 청국 상점의 경우, 고용된 청국인이 독자적인 가게를 경영하기도 하였으나 이 사건의 최본민의 경우와 같이 실제로는 자금 운용에서 종속적인 관계에 놓여져 있었음이 확인되는 것이다.[27]

금전 관계의 민사소송은 청국인 피고가 무역상인 사례가 다수 보이지만, 그밖에도 단순한 대금 청구 사례도 확인된다(㉓). 1889년 7월 11일 원고인 다가와田川의 대리인이 제출한 청원서에는 다음과 같이 사건의 개요가 설명되어 있다.[28] 다가와는 소고기 판매업자로 1887년 10월부터 피고인 潘九記에게 정기적으로 소고기를 판매하고, 대금은 매월 말에 정산하는 방식으로 매매 계약을 체결하였다. 그런데 피고의 대금 지불이 조금씩 지연되어 미납금의 총계는 66여엔에 이르렀는데, "다른 곳에 판매한 대금이 연체됨에 따라 피고도 또한 이를 지불할 수 없는" 상황이었던 것이다.

8월 22일 영사의 조회문에 따르면 피고를 소환, 심문한 결과 "피고 측 일가는 본디 산업이 없고 오직 소매업에 기대어 생계를 꾸리고 있으니, 근래 상업 부진으로 끼니를 해결하지 못할 상황에 이른 사정이며 일시적으로 상

----

27) 池田喜太郎과의 매매에서 '나가사키 永吉祥内 豊泰公司' 라는 명의가 확인된다. 또한 ⑦의 사례에서 피고 '豊裕號'는 소환 심문이 이뤄졌을 때에 "동인은 목재 상인으로 金主인 恒和號로부터 빌려 받고 있는 것으로 항화호의 주인되는 자는 가까운 시일내에 나가사키에 돌아올 것이므로 언제든 도착한 후에 本田茂八郎과 상담을 할 것"이라 대답한 것 또한 참고할 만하다.
28) 「제7호 田川藤重ヨリ淸國潘記號ニ係ル件」, 『外事課決議簿』(14 519-1). 이하 인용 내용은 별도의 기재가 없는 한, 위 문건 수록 문서에 의함.

환하기 어렵다고 주장하는 것 또한 실제 정황"이었기 때문에 영사는 피고에게 미납금을 1889년 8월부터 매월 2엔씩 지불하도록 중재안을 제시하였다. 이에 대해 원고 측도 "반드시 해당 약정을 이행한다면 문제가 없다"는 뜻을 밝혀, 화해(示談)가 성립하였다.

이 사건에서는 소고기를 일본인으로부터 사들여 재판매하는 것을 업으로 한 재류 청국인의 모습을 확인할 수 있다. 영사의 조사에서는 상업 부진에 의해 끼니를 해결하지 못할 정도로 궁핍한 생활이 그려지고 있으나, 소송 과정에서 제출된 대금 청구 내역을 살펴보면 거래량은 결코 적지 않은 양이었음을 확인할 수 있다. 피고 반구기는 1888년 9월 19일 이후 754근, 같은 해 10월 3일 이후 289근, 12월 3일 이후 496근을 사들여 겨우 3개월 동안 1500근 이상의 고기를 손에 넣었던 것이다. 반구기가 언제부터 어떠한 사정으로 소고기의 판매를 시작한 것인지는 불분명하나, 당시 일본의 평균 육류 소비량을 생각해보면,[29] 영세한 규모는 아니었다 하겠다. 이 사건 속에서 확인되는 반기구의 육류 소매업 운영은, 대중국 수출입을 담당한 무역상, 혹은 그 대척점으로 하급 노동자(쿨리)로서 그려지기에 십상인 재류 청국인의 생활상을 보다 다양한 측면에서 보여주는 사례 가운데 하나라고 할 수 있다.

3.2 인사사건

금전 관계 사건에서는 청국인-일본인의 상업 거래 양상이 드러난다고 한다면, 인사 사건에서는 혼인 관계 등 상업 활동 이외의 영역에서 일본인과

---

29) 1888년 1년간 나가사키현의 도축 소는 311두, 60만 545근이었다(나가사키현 편찬, 『農事調査畜産及獸醫』, 1893, 19쪽). 이를 일인 당 연간 소비량으로 환산하면 1근에 못미치는 양에 해당하며, 다시 말하면 1500여명의 연간 소비량을 웃도는 양을 반구기가 매입했다고 할 수 있다.

재류 청국인과의 관계를 확인할 수 있다. 우선 원고 승소의 사례로, 나카타 리쓰中田リツ가 청국인 臧鵬雲의 託兒 문제를 둘러싼 사건을 검토해 본다 (㉒). 1889년 2월 22일 소송 출원서에 따르면 사건 개요는 다음과 같다.[30] 원고 나카타 리쓰는 1888년 4월 중에 피고와 피고의 첩(일본인) 사이에 태어난 남아 '호손'을 돌봐 주기로 하여 식대료를 포함한 육아비로서 매월 4달러를 받기로 약정을 맺었다. 그런데 이해 6월 경부터 피고는 아이의 양육을 원고에게 떠 맡긴 채 요코하마로 가버리고 양육비의 청구에도 응하지 않았던 것이다.

장붕운이 요코하마에 거주하고 있었기 때문에 사건을 수리한 나가사키 영사는 요코하마 영사에 사건 의뢰에 대한 조회문을 보내었다. 이를 통해 정보를 수취한 나가사키 영사는 4월 24일 나가사키 현청에 "장붕운이라는 자는 요코하마에 거주 중이며 이미 요코하마 영사가 소환, 심문하여 5월 중으로 당사자인 리쓰에게 청구금을 보낼 것을 약속하였다"라는 뜻을 알렸다. 요코하마에서의 피고 심문은 3월 10일에 이루어졌는데 장붕운의 공술에 따르면, 중국 安徽省 婺源縣 출신인 장붕운은 "요코하마에 도착해 겨우 3개월 간 사업을 하였고, 지금은 하는 일 없이 130번지에 조용히 살고 있다"는 것이다. 또한 "올해 5월이 되면 사업도 할 것이고 그 때 돈을 유모인 나카타에게 지급하고 아이도 돌려 받아 키울 것입니다만, 현재로서는 실로 자금 융통이 되지 않습니다"라고 하여 장붕운 스스로 5월에는 양육비를 지불할 것임을 명언하였다.[31]

....

30) 「제13호 中田リツヨリ淸人臧鵬雲ヘ男兒渡方件」, 『外事課決議簿』(14 519-1). 이하의 인용은 별기하지 않는 이상, 해당 문건에 수록된 문서에 의함.

31) 장붕운이 나가사키에서 요코하마로 간 구체적인 경위는 확인할 수 없으나, 재류 청국인의 개항장간 이동 양상을 보여주는 사례라 할 수 있다. 한편, 요코하마 거류지 130번은 거류지 북서측에 위치하고 있으며, 현재의 중화거리 형성지로서 청국인이 밀집한 지역이었다(伊藤泉美, 앞의 논문, 16쪽).

그러나 장봉운의 상황은 양육비를 지불하기로 한 5월에도 호전되지 않은 것으로 보인다. 11월 9일 나카타는 "이미 기일을 경과했으나 아직 한푼도 건네지 않았을 뿐 아니라 (중략) 외국인 아이를 거류지 밖에서 양육하는 일은 본현지사가 금지하고 있습니다. 따라서 피고가 아이를 데려 가도록 시급히 처리가 되길 바랍니다"라며 다시금 소송장을 제출한 것이다. 이 소송장에서 피고의 양육비 미지급 문제뿐 아니라, 이른바 혼혈아(청국인 - 일본인)의 양육 장소도 문제시하고 있는 점이 주목된다. 메이지 시기 국제 결혼은 1873년 태정관 포고 제103호를 통해 공인되어, 외국인과 혼인한 일본인 여성은 "일본인으로의 신분(分限)을 잃을 것"이라 규정하고 있다.[32] 한편 이 법률은 외국인 남성과 일본인 첩과의 관계에는 적용되지 않았으며, "외국인의 첩이 된 자는 遊女와 동일한 취급"을 하며, 태어난 아이는 여성 쪽의 호적에 편입되도록 하였다.[33] 다만 본 사건에 한정하여 보면 청국인 남성과 일본인 첩 사이에 태어난 아이는 외국인으로 간주되어 거류지 밖에서의 양육이 인정되지 않았던 것을 알 수 있다. 이는 법과 현실상의 괴리를 보여주는 사례라고도 하겠다.[34]

청국인의 개항장 간 이동, 청국인-일본인 첩-일본인 유모의 관계가 얽혀 있는 이 사건은 1890년 4월 나카타가 요코하마에 직접 찾아가면서 비로소 해결을 맞이한다. 요코하마 영사가 발급한 사건 완결 통보 공문에 따르면, 1890년 시점에서 피고가 지불해야 할 금액은 95엔을 초과한 상태였다. 게

....

32) 嘉本伊都子, 『國際結婚の誕生ー「文明國日本」への道』, 新曜社, 2001, 75쪽; 『日本外交文書』 제6권, 문서번호300 부속서.

33) 嘉本伊都子, 위의 책, 66쪽.

34) 다만 친부의 인지가 있는 경우 희망에 따라 부계로의 '移籍'이 가능하였다. 실제로 1892년~98년까지 인지에 의한 이적 상황이 확인되고 있다. 누적 수 144건 가운데, 청국이 128건으로 가장 많다는 점도 흥미로운 사실이다(岩壁義光, 「日本人女性の對淸國人婚姻形態と子女就籍問題についてー日淸戰中戰後を中心に」, 『神奈川縣立博物館硏究報告 人文科學』 13, 1987, 6~7쪽).

3주제_일본의 개항과 거류지 문제   121

다가 피고는 "다년간 무직 상태로 살아온 끝에 빈궁함이 손쓸 수 없을 정도"이었다고 한다. 피고의 이같은 상황을 요코하마에서 직접 목도한 원고는 "도저히 모든 금액을 돌려받기에는 불가능하다는 것을 깨닫고, 전체 금액 가운데 20엔만을 지급받기로 합의" 하였다. 그리고 20엔은 피고의 동향 출신 청국인들이 구원금을 모집하여 원고에게 건네었다. 요코하마 영사관에서는 원고가 받은 돈의 수령증을 발급하면서 이 사건은 완결에 이르른다. 이상의 사건 처리 과정에서 청국 영사는 원고의 나가사키-요코하마 왕복 여비를 제공하는 등[35] 원고의 편의를 꾀하며 사건 중재의 역할을 충실히 수행한 것으로 보인다.

다음으로 후치노 쿠리渕野くり가 청국인 王金喜를 상대로 한 손해청구소송을 검토해 본다(㉕). 이 사건은 원고와 피고가 서로 다른 주장을 펼쳤기에 사실관계를 확인하기 어려운 측면이 있으나 소송에서 원고는 혼담의 파탄에 따른 손해 비용으로 76엔 97전, 당시 임신 중이었던 원고의 딸 하쓰ハツ의 출산에 따른 제 비용과 태어난 아이의 양육을 요구하였다.[36] 원고의 주장에 따르면 1890년 4월 중순 경, 오카야마岡山에서 오사카로 온 원고는 나가사키현 다카키군高來郡 소재의 蓮行寺 주지인 후지미 로조藤海魯城의 알선으로 왕금희와 딸 하쓰 사이의 혼담을 나누었다. 그 결과 결혼을 전제로 후치노는 왕금희로부터 위로금 명목으로 일시금 150엔과 매월 5엔을 받기로 약정하였다. 하쓰와 왕금희의 혼인 계약에는 원고가 500엔에 달하는 빚에 시달리고 있던 상황을 배경으로 하고 있었다. 그런데 왕금희는 교토에서 藝妓 사토サト를 빼네 주고(身受), 하쓰와의 혼담을 없던 일로 하였기 때문에 계약 불이행에 대한 손해배상 청구 소송을 제기했다는 것이다.

....

35) 나가사키-요코하마 왕복에서, 요코하마로 향하는 경비는 나가사키 영사가, 요코하마에서 되돌아 오는 경비는 요코하마 영사가 지급하였다.
36) 「제20호 渕野くりヨリ淸人王金喜ニ係ル件」, 『外事課決議簿』(14 519-1). 이하의 인용은 별도 기재가 없는 한, 위의 문건에 수록된 문서에 의함.

이상과 같은 원고의 주장에 대해 나가사키 영사는 왕금희를 소환하여 심문하였는데, 왕금희는 완전히 다른 주장을 펼쳤다. 1890년 8월 29일에 제출된 왕금희의 답변서에 의하면 본래 하쓰는 결혼이 아닌 시종을 들기 위해 월 12엔에 고용한 여성이라는 것이다. 그 후 후지미 로조의 주선으로 준비금 200엔을 들여 혼담이 오갔으나, 정식 혼인서를 관청에 신고하는 것에 대해 하쓰가 거부하였기에 "겉으로는 혼인을 하고 속으로는 금전을 편취"하려는 속셈이 있는 것이라 여겨 파혼에 이른 것이라 주장하였다.

이같이 양측의 주장이 서로 다른 가운데 영사의 재판 언도서가 9월 3일에 내려졌다. 재판 언도서에서는 "당시 아직 계약서를 교환하지 않았고 또한 증거라고 할 만한 서류도 없으므로 배상의 이유는 없다"라고 하여 원고 측의 주장을 뒷받침할 증거 부족을 이유로 원고 패소(曲)의 판결이 내려졌다. 하쓰의 임신에 대해서도 "법률에 이르길 남녀 간 내통하여(苟合) 임신이 이루어진 것이라면 내정을 아는 자에게 이를 물어라라고 하였다. 현재 원고는 이미 스스로 잘못된 일임을 알고 있으니 고소할 수 없다"라고 하여 임신에 관한 피고의 책임을 묻지 않았다. 다만 청국 영사는 이 사건에서 피고에게도 일정한 책임이 있음을 인정하여 벌금 25엔을 부과하고 원고가 소송을 위해 사용한 교통비 및 잡비에 충당하도록 명하는 것으로 사건을 종결시켰다.

4. 재판 형식에 따른 특징: 영사재판의 합리성과 전근대성

4.1 急訴

영사재판의 일반적인 경향은 앞서 설명한 바와 같이 미결 상태로 오랜 시간 진행되는 경우가 많았으나, 여기에서는 예외적인 사례로서 急訴에 대한 대응을 검토해 보고자 한다(⑪). 이는 피고의 출항 금지 및 도자기 대금 미납잔금 38엔 54전을 청구하는 소송장이 1885년 12월 2일에 제출되어, 그 다음날인 3일에 종결한 사건이다. 해결에 이르는 구체적인 내용은 나가사키현 관리(御用掛) 오우가 가쿠타로鉅鹿赫太郎의 복명서에 자세히 기록되어 있다.[37]

급소를 수취한 오우가는 원고와 함께 청국 영사관을 찾아가 그 뜻을 전달하였다. 영사는 곧바로 휘하의 나졸들을 파견하여 피고에 소환 조사를 명하였고, 가쿠타로에게도 입회를 청하여 원고, 피고가 모두 출석한 가운데 會審이 이루어졌다. 당시 청국인-일본인 사이에 벌어진 사건에 대해서는 양측 관리가 모두 입회하여 심리하는 회심이 아닌, '관심'이 일반적으로 이루어졌다.[38] 그런데 이 사건에서는 '급소'라는 특수한 상황 하에 회심이 실시되었다고 할 수 있다.

이 사건에서 쟁점이 된 것은 도자기 주문 당시 사전에 지불한 대금(手付) 30엔과 이후 30엔분의 재주문 건의 사실 유무에 있었다. 즉 청구 금액 가운데 30엔을 잔금의 일부로 인정할 것인가 아닌가가 문제가 되었던 것인데 복명서에서는 다음과 같이 재판 결과를 보고하였다.

"원고, 피고 양 측의 진술에 따르면 피고만이 증거를 가지고 있고 원고 측은 오히려 증거가 없음으로 현재 피고의 출항 금지를 청구할 이유는 없다. 그렇지만 이상의 계약금 30엔에서 별지 판매 대금 38엔 54전을 제외하여도 8엔 50전이 부족하기 때문에 이상의 잔금을 원고에게 전달하고 (원고가 주장

---

37) 柳本直太郎앞 복명서, 1885년 12월 3일, 『外事課決議簿』(14 489-3).
38) 관심은 피고 측의 국가에서 이뤄지는 재판에 원고 측 국가의 관리가 입회하되, 이의 제기나 의견 발언이 제한되고 '참관'만이 허용된 것을 뜻한다. 청일간 수호조규에는 회심이 규정되어 있었으나 현실적으로 유명무실한 회심을 대신하여 관심을 실시하기로 상호 합의가 이루어졌다. '관심' 실시와 관련한 구체적인 논의는 별도의 논고를 통해 다루고자 한다.

하는 재주문한) 30엔에 대해서는 원고가 충분한 증거를 조사하여 후일 다시 소송을 제기할 것"이라는 판결에 양측 모두 승복하여, 별지 수취서와 같이 원고에게 잔금 8엔 50전을 수취하도록 하여 본건은 즉시 낙착에 이르렀습니다.

쟁점이 되었던 30엔의 추가 주문분과 원고가 요청한 피고의 출국 금지는 모두 인정되지 않았다. 다만 최초 주문을 취소했다는 피고의 주장 또한 받아들여지지 않아 원고는 30엔을 제외한 잔금 8엔 54전을 피고로부터 받는 것으로 양측의 합의가 이뤄진 것이다. 급소에 응한 양국의 신속한 대처와 상호 협조가 이루어진 이 사건은 합리성과 유연성을 보인 영사재판 사례로 평가할 만하다.

4.2 재판 불복 사례

영사의 판결에 대한 일본인 원고의 불복이 있을 경우, 어떠한 후속 조치가 취해졌는지를 검토해 보고자 한다. 먼저 표고버섯 대금 청구 사례(②)에서 1881년 7월 7일 제출된 소송장에 의하면, 원고 오쓰루 젠주로大鶴善十郎는 화물 보관 도매업자(荷請問屋)로 1880년 12월 표고버섯 200상자 가운데 50상자에 대해 "물품 현금 교환 약정"을 피고와 체결하였다.[39] 그러나 피고가 해당 물품을 수취한 이후에도 이런저런 구실을 삼아 대금을 건네지 않았기 때문에 소송에 이르렀다는 것이다.

청국 영사의 피고 신문에 의하면 피고 和福號의 義也(顔四錦)은 나가사키의 여러 다른 상인에게도 부채가 있었으나 이미 1880년 변제에 대한 합의가 성립하였다. 영사는 "이상 나가사키 상인들에게 상의한 일도 사실이므로, 원고 오쓰루 젠주로의 부분도 다른 사례와 동일하게 재단할 것"이라는

39) 大鶴善十郎, 「椎茸代金請求訴」, 『外事課決議簿』(14 489-3).

조치를 내렸다.[40] 10월 24일, 원고는 이같은 영사의 변재 방법에 대해 피고와의 대질 심문을 요청하는 청원서를 제출하였다. 원고는 "표고버섯 50상자의 사례는 다른 일반 채무가 아니며 (중략) 완전히 사기를 모의하여 속여 취한 것"이라 주장하며 다른 채권자의 상황과는 다른 것임을 강조하였다.[41] 그러나 영사는 이러한 원고의 주장을 인정하지 않고 오히려 이번 조치가 "(원고의) 소송이 매우 늦어졌기에 별도로 추징하기 어려운" 원고의 청구를 '情意'로서 특별히 취급한 것이라는 뜻을 전하였다.[42] 영사로서는 합의가 끝난 사건을 소급하여 원고에게도 적용할 수 있도록 선처를 취한 것임을 강조하였다.

이듬해 2월 17일, 영사의 회답에 대해 원고는 다시금 피고와의 대질 심문을 요청하며 탄원하였다.[43] 원고의 요청에 따라 결국 4월 29일 재판이 열리게 되었으나,[44] 재판이 열린 정황을 전하는 이후의 기록이 남아 있지 않기 때문에 실제로 재판이 진행되었는지는 불분명하다. 이 사건이 다시금 언급된 것은 원고가 사망한 1885년 6월 30일 이후이다. 원고의 상속인 오쓰루 시게가 1886년 4월 14일, "지금에 이르기까지 청국 영사에서는 대금 변제의 방법에 대한 재판도 이뤄지지 않고 있으며, 또한 피고도 목하 변제할 자금력도 없는 것으로 보이기 때문에 피고인의 재산이 회복되는 사정에 따라 소송을 제기하겠습니다"라고 하여 소송 철회 신청을 나가사키 경찰본서에 제출한 것이다.[45] 여기서 언급하고 있는 재판이 1882년 4월 28일에 열릴 예정이었던 재판을 지칭하는 것인지는 명확하지 않으나, 결과적으로 영사

----

40) 余瑞→內海忠勝, 1881년 8월 3일, 『外事課決議簿』(14 489-3).
41) 大鶴善十郎→內海忠勝, 「再願書」, 『外事課決議簿』(14 489-3).
42) 余瑞→金井俊行(나가사키 현령대리), 『外事課決議簿』(14 489-3).
43) 大鶴善十郎→內海忠勝, 「對審御願」, 『外事課決議簿』(14 489-3).
44) 본래 재판은 4월 27일에 열릴 예정이었으나 "明日은 그밖에 지장이 생겼으므로 4월 28일 오전 10시에 할 것"이라는 영사의 26일 조회가 있었다.
45) 大鶴シゲ→나가사키 경찰 본서, 「解訴御願」, 『外事課決議簿』(14 489-3).

의 구체적인 변제 판결이 없는 채로 원고의 사망에 의해 사건은 종결한 것을 알 수 있다.

이상의 사건에서 원고는 판결에 불복한 '항소'의 형식을 취한 것은 아니었으나 영사의 중재안을 거부하고 피고와의 대질 심문을 반복하여 요청하였다. 이에 대해 청국 영사는 원고의 사정을 참작한 중재안을 제안한 이후에는 구태여 피고에 대한 심문, 원고와 피고 쌍방의 소환 조사를 하지 않았다. 다시 말하면, 영사의 판단으로 일단 결착이 난 사건에 대해서 다시금 논의되는 여지는 제한되어 있었던 것이었다.

이같은 영사의 태도는 우에노 기쿠타로上野菊太郎가 청국인 穎川(陳)種玉를 상대로 한 대금 청구 소송(④)에서 보다 명확히 드러나고 있다.[46] 이 사건은 1880년 8월 10일, 피고가 이즈미다 만헤이泉田萬平를 대신하여 매월 1엔 20전의 월부로 35엔을 원고에게 변상한다는 약정에 대해 2개월 분의 변상만이 이루어졌기 때문에 1884년 소송에 이르렀다. 변상 약정이 체결된 것은 이즈미다가 파산 처분을 받아 보증인이었던 피고에게 상기의 금액이 청구되었기 때문이었다.

1884년 7월 21일, 영사는 "이상의 건은 수년이 지나 소송이 제기된 것으로, 我國의 예에 따라 폐기가 되어야 할 것이지만, 귀 현령으로부터 수차례 조회가 있었던 까닭에 방법을 세워 변제할 것을 꾀할 것"이라며 원고에게는 이즈미다의 파산 처분 사실을 증명할 자료를 요구하였다.[47] 1885년 5월 25일, 원고와 피고 쌍방에 대한 영사 심문 끝에 판결이 내려졌는데 청구 금

---

46) 선행연구에서는 이 사례를 나가사키 현령의 거듭된 조회문을 고려하여, 청국 영사가 특별히 자금 상환 명령을 내린 판결로서 "일본 측의 법령과 요청도 고려한 심판이 이루어지기도 하였다"라고 지적하고 있으나(靑山治世, 앞의 책, 243~244쪽; 川口ひとみ, 앞의 논문, 9쪽), 이 사건은 그 후에도 원고의 불복과 영사의 무대응에 의해 오랜 기간 지속되어, 1893년에도 미결인 상황이었다.

47) 余瓚→柳本直太郎, 『長崎市上野菊太郎淸國人穎川種玉間訴訟ノ件 附外國人關係事件書類』(14 479-6. 이하, 『穎川種玉間訴訟ノ件』으로 약칭함).

액 가운데 월부 20전으로 총 2엔만을 원고에게 지불하라는 내용이었다.

원고는 7월 11일 영사의 처분에 대해 불복하고 다시금 대시질 심문의 청원서를 제출하였으나 영사는 이에 응하지 않았다. 그 후 1889년까지 수차례에 걸친 원고의 심판 재촉 청원이 이어졌다. 1889년 5월 6일, 마침내 영사의 회답이 있었으나 "이미 이전 영사의 심문 판결을 거친 후에는 또한 그 내용에 따라 종결한 사안"이라고 하여 결국 원고의 심판 요청을 받아들이지 않았다.[48]

항소의 어려움은 영사재판의 불공평을 상징하는 일례로도 지적되고 있으나,[49] 현실적인 애로가 있음에도 서구와의 영사재판 규정에서는 항소 절차가 마련되어 있었다.[50] 청국 영사재판의 경우, 조약상 관계 규정은 없었으나, 영사 파견 이후 "재심"을 둘러싼 데라지마 외무경과 청국 공사 하여장과의 의견 교환이 있었다. 청국 공사는 1878년 2월 1일의 답변서에서 "지방관과 이사관(=영사관)이 왕복하여 협의를 거친 후에 의결한다면 소송을 제기한 인민은 저절로 청단에 복종하지 않을 이유가 없을 것"이라 하여 애초부터 원고의 항소에 대해 부정적인 입장을 취하였다. 다만 "이사관과 지방

....

48) 『穎川種玉間訴訟ノ件』(14 479-6).

49) 전형적인 사례로 일본 군함 치시마千島함과 영국 상선이 충돌한 사건을 들 수 있다. 이 사건은 쌍방이 요코하마 영사재판에 불복하여 상해의 영국고등영사재판의 항소심까지 올라갔으며 항소심에서 영국측의 전면적인 승소 결과가 전해지며 불평등조약에 대한 국내의 반발 여론을 높이는 계기가 되기도 하였다(井上淸, 『條約改正』, 岩波書店, 1955; 洞富雄, 『幕末維新期の外壓と抵抗』, 校倉書房, 1977).

50) 항소 재판이 이뤄지는 장소는 나라별로 달랐으나 모두 해외에 항소 재판소를 두고 있었기에 일본인 개인이 항소를 진행하는 것은 거의 불가능에 가까웠다. 영국, 독일, 프랑스는 각각 상해, 슈체친(현 폴란드 북서부), 사이공을 일본에서의 영사재판의 상등 재판소로 지정하고 있었다. 한편, 미국의 경우 청구 금액이 500달러~1500달러의 경우에는 공사에 의한 항소 재판을 인정하고 있어, 보다 유연하게 대응을 한 편이었다. 이상의 관련 규정은 「第四類民事訴訟未定稿 第七號」, 요코하마시 편찬, 『外務要錄 2(橫濱市史資料編 17권)』, 橫濱市, 1977, 248~250쪽.

관이 안건을 접하고 피차 의견이 부합하지 않아 판결을 내리기 어려운" 경우, 공사가 영사에게 명하거나, 관원을 파견하여 판결을 내리는 방침을 전하고 있다.[51] 공사에 의한 상급심의 여지를 남겨둔 것이지만 원고 불복을 상정한 것이라기 보다, 영사관 레벨에서 해결하기 힘든 사건을 취급한다는 측면이 강조되어 있다. 다시 말하면 이미 영사에 의해 결정이 내려진 건에 대해서는 원고의 불복에 대응하지 않는 것이 일반적이었다. 이처럼 영사재판에서 서구와 청국의 차이는 항소 절차와 그에 대한 영사의 대응에서 확인된다고도 하겠다.

4.3 형사부대 사건

청국의 영사재판과 '근대화'를 추진하던 일본의 재판제도와의 괴리가 발생한 사례로서, 형사사건에 부대하는 민사사건을 들 수 있다. 일본인이 외국인을 상대로 한 소송 제기에 관해서는 사법성 포달을 통해 절차를 규정하고 있다. 1875년 5월 7일 포달(甲제3호)에서 "민사, 형사 소송은 원고인이 그 사유를 각 개항장 개시장 부현청에 제출하여 부현청의 첨부서장을 얻어 피고인 관할의 각국 영사에 소송을 제기할 것"이라 규정하였다.[52] 이어 이듬해 9월 28일에 내려진 포달에서는 "형사 및 민형 부대 소송은 검사, 기타 경찰관이 이를 수리하여 바로 피고인 관할의 영사에 조회하여 재판을 청구할 것"이라 하여 민형사 사건에서의 영사재판 절차의 세분화가 이루어졌다.[53] 그런데 이상에 규정된 형사 부대 민사소송에 관한 절차는 청국의 영

---

51) 「第四類民事訴訟未定稿 第一三號」, 요코하마시 편찬, 위의 자료, 281~282쪽.
52) 內閣官報局, 『法令全書 明治八年』, 1745쪽.
53) 內閣官報局, 『法令全書 明治九年』, 1363~1364쪽. 한편 이 해 10월 4일 사법성 포달 甲제13호에 따라 앞선 포달 甲제3호의 조문 가운데 "민사 다음의 '형사' 두 글자는 삭제"되었다(같은 책, 1364쪽). 즉, 민사는 부현청, 형사는 검사 혹은 관할

사재판에서는 적용되지 않았던 것이 확인된다. 구체적인 사례로 인천에서 발생한, 청국인 邵謙의 일본인 가네바야시 토모金林ㅏㅌ 살해 사건에 대한 부대소송 문제를 검토해 보고자 한다.[54]

1886년 11월 17일 나가사키에 거주 중인 가네바야시 토모의 친부 가네바야시 젠지(善治)는 "온전히 장녀 토모에 기대어 생활해 온 바, 생각지 못하게 장녀는 살해당하여 일가 7명이 곧바로 생활의 방도를 잃고 굶주림을 눈앞에 두고 있다"라며 배상금 청구 소송을 청원하였다. 이에 대해 청국 영사는 "살상을 저지른 凶犯은 법률에 비추어 처벌할 뿐이며 扶助金을 배상하게 할 조목은 없다"라며 범인에게 배상금 지불 명령을 내리기 어렵다고 답변하였다. 또한 범인은 처벌을 위해 이미 본국인 청국에 송환된 상황이었기 때문에 배상금 청구가 본국 법률에 위배된다는 것이었다.

형사 부대 사건의 처리에 대해서는 요코하마에서의 사례도 참고가 된다. 1883년 5월 2일, 오누키 야스베大貫安兵衛가 청국인 胡邦才를 상대로, 구타 폭력 사건에 관한 손해배상을 청구하였다. 이에 청국 영사와 가나가와 현령 사이의 서신 왕래를 거쳐 1884년 1월 11일 양측 관리의 담판에 의해 협의가 이루어졌다. 여기에서 영사 측 관원인 羅室森은 형사 부대 사건에 관한 향후 방침을 다음과 같이 논하였다.[55]

지금까지 영사에서 이것 저것을 말한 것은 현재까지 청국인으로서 일본인을 상대로 손해 배상의 소송을 제기해 배상금을 지급받은 사례가 없으므로, 일본인이 청국인을 상대로 한 건도 아무쪼록 영사가 가해자에게 출금을 명하기 어렵다 생각한 부분이 있습니다. 다만 앞서 이야기한 바와 같이 율령상 명

....

경찰서라는 업무 분담이 명시된 것이었다.
54) 「六 金林善治ヨリ淸國天津邵謙ニ關スル件」, 『外事課決議簿』(14 489-3). 이하 인용은 별도의 기재가 없는 한, 위의 문건에 수록된 문서에 의함.
55) 「第四類民事訴訟未定稿 第一四號」, 요코하마시 편찬, 앞의 자료, 286쪽.

문이 없기 때문에 영사의 의견을 참작하고자 합니다. 그러므로 이후 귀국인
이 아국인을 상대로 한 형사 부대 손해배상의 건은 모두 회람하여 그 사실을
심리한 후에 채택 여부를 결정할 것임을 영사에게 보고하도록 하겠습니다.

앞서 살펴 본 가네바야시의 사례와 동일하게, 오누키 야스베의 청구는 인
정되지 않았다. 여기에서는 그 이유로 청국의 관계 법률 부재와 함께 양국
의 대등성 문제가 대두한 것이 주목된다. 즉, 청국인이 일본인에게 손해배
상을 청구한 사례가 없는 상황에서 청국인에게만 이를 적용할 수는 없다는
주장이었다. 이는 청일수호조규에서의 대등성 논리가 영사재판의 운용에서
도 적용되었음을 시사한다. 다만 나가사키에서의 사례가 청국의 "법률에 위
배"되는 것으로서 형사부대 소송을 인정하지 않는 것으로 결론이 난 반면,
요코하마에서의 사례에서는 영사의 재량에 따라 채택 여부를 결정하기로
하여, 청국 측의 관계 법률 미비에서 발생한 문제에 대해 개항장 별로 서로
다른 조치가 취해진 것 또한 확인할 수 있다. 영사재판의 구체적인 시행방
침은 각 개항장의 영사에게 주어진 재량에 따라 유연한 방식으로 결정되었
다고 하겠다.

5. 맺음말

본고에서는 일본의 개항장 거류지의 구체적인 실태로서 청국인의 존재에
주목하고, 청일 수호조규 체제 하의 청국의 영사재판권 운용 사례를 검토해
보았다. 각 사례에서 청국 영사가 내린 판결은 사실확인·증거 유무를 판단
기준으로 하고 있으며 따라서 반드시 청국인에게 유리한 결과가 나오지는
않았다. 이는 청국의 영사재판이 내외국인의 분쟁해결 수단으로서 기능한
측면이 있음을 의미한다. 사건 해결까지 청국인 피고의 출국을 금지한 사례

나,56) '급소' 사건에서 관심이 아닌 회심을 통해 빠른 판결을 내린 사례 등
은 재판 과정에서 청국 영사가 취한 유연한 대응을 잘 보여주고 있다.

다만 청국이 행사하는 영사재판은 서양의 그것과는 또다른 문제를 노정
하고 있었다. 항소나 형사 부대 소송사건과 관련한 사례들은 청국에서의
'근대적' 사법체계의 부재와 '근대화' 과정 속의 일본 법제도가 충돌하는 지
점을 보여주고 있다. 물론 개별 사안에서 영사 재량에 따른 유연성이 발휘
될 여지는 남아 있었지만, 상호 영사재판권을 인정하고 있는 청일 관계의
대등성에 따라, 일본인 원고에 대한 근대적 사법제도의 운용이 제약되는 결
과를 낳은 것이다.

법권회복의 측면에서 보자면 영사재판권의 철폐는 서양, 청국 어느 쪽을
향해서도 통하는 논리라 할 수 있다. 그러나 일본 법제도의 근대화가 서양
과의 조약개정을 위한 전제가 된 반면, 청국과의 조약개정은 영사재판의
'전근대성'을 타파하는 길이기도 하였다.57) 청일 수호조규의 대등성은 문명
의 우열 논리 속에서 부정되어야 하는 불평등한 조약이었던 것이다. 다만,
외교 교섭을 통한 청일간 조약개정은 결국 실현되지 않고, 조선을 둘러싼
청일 간의 주도권 경쟁 끝에 발발한 청일전쟁을 통해 청일수호조규는 그 효
력을 상실하기에 이른다. 문명화의 우열 논리와 청일 수호조규가 규정한 상

....

56) 일본인 원고의 소송장에는 피고의 출국(=국외도피)을 우려하는 내용이 곳곳에서
   발견된다. 사례 ①에서 청국 영사의 조회문에는 "이상의 피고 郭開明은 와병한 상
   태이고, 郭禹疇도 또한 한푼도 없이 재차 귀국의 뜻을 출원하였으나 아직 사건이
   낙착에 이르지 않았음으로 遠行을 허락하지 않은 것"이라 하여, 출국금지의 조치
   가 취해진 사실이 확인된다(1881년 6월 8일, 『外事課決議簿』(14 489-3)).

57) 金尾文太의 豊裕號에 대한 소송 사건(⑧)에서 풍유호가 소송 중에 귀국한 사실을
   두고 원고 측은 "문화 율법국의 보통법"에 위반한 영사의 "緩漫"한 태도를 비판하
   였다. 이는 영사재판의 근본적 문제제기가 아닌, 청국 영사의 태도가 문명국의 상
   식에서 벗어난 것이라는 인식으로, 청국의 영사재판을 문명국의 그것과 다른 관점
   에서 받아들인 것을 시사하는 언설이기도 하다(1885년 5월 16일, 町田直潔<金尾
   文太의 변호인> 「御照會願」, 『潁川種玉間訴訟ノ件』 14 479-6).

호 대등성이 복잡하게 얽혀있던 재류 청국인의 지위는 청일 전쟁 이후 성립
한 일본 우위의 청일 관계 속에서 새롭게 재편된 것이다.

〈표 8〉 개항장 나가사키에서 청국인 피고
-일본인 원고 민사사건의 추이(1880~1893년)

	원고〔代理〕	피고	건명	청구금액	始點	終點	결과	비고
①	廣業商會宮川忠三郎→加悦章平 (浜田杏江・佐藤末)	義隆盛號 (郭開明, 禹疇)	賣掛代金 請求	841円84錢 5厘	1880.5.20. →12.31 (판결)	1886.6.5. 피고, 판결미 이행	願下	返濟의 見込미なし
②	大鶴善十郎	福和號義也 (顔四鉑)	椎茸代金 請求	912円74錢 5厘	1881.7.7. →9.3(판결)	4.14	願下	原告不服 /原告死亡
③	平野繁太郎	商孝俊 (敎信)・華聿和	代金請求	手附金5円	1881.11.30	1887.6.8.	願下	
④	上野菊太郎	穎川種玉	貸金請求	担保弁償 32円50錢	1884.3.15.→ 1885.5.25 (판결)	1892.11.2. 원고미출두	未決	原告不服
⑤	a立林孫四郎・柿尾仙太郎(川島豊造) b池田喜太郎 〔本田辰次郎〕 c山本源之助 〔本田辰次郎〕	永吉祥號陳梅溪 (谿)・崔本民(長崎永吉祥內豊泰公司)	賣掛 金請求	a269円60錢 267円40錢 (以上陶器) b749円 (石炭) c51円90錢 (磁器)	1884.6.4	1884.11.8	直	
⑥	山口悦治郎 〔山口治英〕	信記號	賣掛代金	石炭87円 88錢8厘	1884.11.12	1892.11.4	取消	原告死亡
⑦	本田茂八郎	(恒和號內) 豊裕號	石炭代金 請求	600円	1885.1.31	1886.3.15	取消(訴權讓渡) →⑧	
⑧	枡屋(金尾) 門太(町田直潔)	豊裕號	石炭代金 請求(貸金 請求)	600円	1885.2.6	1892.9.15. 원고미출두	未決	被告上海滯在 / 死亡
⑨	吉田由太郎 〔岩永太藏〕	黃太利	貸金請求	米133円50錢	1885.3.3.→ 4.29(중재)	1890.6.23	取消 (願下)	被告死亡
⑩	河野財治	永祥泰號	不通用切手 券引替請求		1885.3.9	1885.7.24	示談 (願下)	
⑪	田代助作 〔矢川定靜〕	蕭裕福	賣掛代金 請求	陶器38円54錢	1885.12.2	1885.12.3	願下	
⑫	田代安吉郎 〔矢川定靜〕	何曉初	物品取戾 ノ訴	28円7錢5厘	1886.2.22	1892.11.4	取消	被告不在
⑬	油屋仲次郎 〔淺野博人〕	泰記晋號(王) 列新	石炭代金 裁判執行願	336円62錢	1884.12.3.→ 1886.3.31 (판결)	1886.4.3. (집행촉구)←1 892.11.4	直 取消	被告死亡

	원고 (代理)	피고	건명	청구금액	始點	終點	결과	비고
⑭	武松(末)坂次郎	信記號	石炭賣掛代金	250円	1886.4.12	1890.6.12	取消	被告死亡
⑮	河野庄五郎	恒和號(顧湘雲)	賣掛代金請求(貸金請求)	108円82錢8厘 (88円80錢)	1886.5.24	1892.9.15	仲裁 (取消) 願下	被告不在
⑯	光永寬作	黃務本	蠟燭賣掛代金請求	13円17錢5厘	1886.6.24	1887.1.14	示談 (願下)	
⑰	浜田林平 (佐野但嘉)	宝豊號	石炭賣掛代金 (貸金請求)	200円	1886.10.12	1892.11.1. 원고미출두	未決	
⑱	彭城準治 (彭城イエ)	怡德號	代金請求	石鹼83円54錢9厘	1886.11.22	1887.3.28	示談 (願下)	
⑲	塩谷恒吉	阿束	飲食賣掛代金	7円42錢	1887.1.14	1890.6.12	取消	被告所在不明
⑳	喜多常一郎	林奇柴・林全泉	物品取戾ノ訴	珊瑚20円相当	1887.1.16	1892.11.19. 원고미출두	未決	被告逃亡
㉑	田中岩吉	盛隆號	委托物費消告訴		1888.6.2	1888.6.6	示談 (取消)	
㉒	中田リツ	臧鵬雲	被托兒引渡並ニ乳育料請求	95円66錢6厘	1889.2.22	1890.5.22	直	
㉓	田川藤重 (田川サタ)	潘記號(潘九記)	賣掛代金請求	牛肉66円80錢2厘	1889.7.11	1889.11.25	直(示談)	
㉔	小田丈吉	黃長海	賣掛代金	飲食料5円60錢	1890.8.2	1890.8.20	直(示談)	
㉕	渕野クリ	(仁泰號)金姬	損害要償ノ訴	76円97錢及び産兒引渡並びに夫々ニ對する諸入用	1890.8.21	1890.9.3	曲	
㉖	廣瀬イマ・本田セヨ	泰昌號 (順貴・許官・康那)	戶籍並幼者取決之訴	イマの養子取戾	1890.11.18	1890.12.23	曲	
㉗	森田常吉 (篠崎作八)	ナガセ	物品取戾之訴狀	素麵30箱取戾	1891.1.23	1891.4.24	直	
㉘	相馬多次郎 (田中判藏)	葉登枝・葉聿鐵	差押物件解放之訴		1891.4.10	1891.6.30	曲	
㉙	今村モク (田崎万之助)	王清喜	預け品引渡請求ノ訴		1892.3.29	1892.4.9	示談 (願下)	
㉚	高松淸吉	阿洋	石炭代金請求ノ件	176円70錢	1892.3.3	1892.4.16	曲	
㉛	石仁三郎 (副島勝忠)	怡德號	石炭賣買違約損害要償	石炭50円及び訴訟費	1892.8.4	1892.9.1	曲	

	원고 (代理)	피고	건명	청구금액	始點	終點	결과	비고
②	松森利平次 〔松永種吉·フジタ茂七·吉井タシ〕	德泰號 (歐陽連春)	賣掛代金請求之件	20円49錢	1892.11.25	1893.3.41	願下 (取消)	被告歸國
③	淸水ナカ	仁泰號(金記)	飮食代金請求ノ件	12円30錢	1892.8.21	1891.8.26	示談 (願下)	

출전: 『內外人交涉民事訴訟件名簿』(나가사키 역사문화박물관 소장. 청구번호 14 527-1), 『外事課決議簿 淸國民事ノ部』(14 489-3), 『長崎市上野菊太郞淸國人潁川種玉間訴訟ノ件 附外國人關係事件書類』(14 479-6), 『外事課決議簿 內外人交涉民事ノ部 明治22~23年』(14 519-1), 『淸國領事來文 長崎縣知事官房 明治23年~同25年』(14 530-1)을 바탕으로 작성.

토론문

「일본의 개항과 거류지 문제」
- 청국의 영사재판권 행사사례를 중심으로

최보영 | 동국대학교

본 발표문은 일본 개항 이후 형성된 일본 내 외국인 거류지에서 발생하는 문제, 즉 거류민의 실태가 어떠하였는가에 초점을 두고, 그 중에서도 1880~1893년 사이에 나가사키에서 발생한 청·일인 간 민사사건의 양상과 실재를 분석한 글이다. 형사사건이 거류청국인과 일본인 사이의 물리적 갈등을 드러낸다면 민사사건은 양국민 사이의 일상생활이라는 속살을 엿볼 수 있는 주요 소재가 된다는 점에서 이질적 문화가 충돌하는 거류지의 실태를 더욱 잘 드러낼 수 있는 주제가 아닐까 생각한다. 즉 본 발표문은 지금까지 제대로 다루지 않았던 민사소송의 내용을 주로 다룸으로써 거류지 내 청국인의 실상을 파악하려 했다는 점에서 연구사적 의의가 높다고 하겠다.

발표자는 최근 박사논문을 통해 일본 개항장 내 거류하는 청국인의 지위와 관리문제에 대해 밝힌 것으로 안다. 본 발표문은 박사논문에서 다룬 주제 중 일부를 심화한 시킨 결과물이 아닐까 생각한다. 이에 비해 토론자는 일·청간 외교관계 전개와 여기서 비롯된 양국민의 교류와 갈등에 대해서는 문외한에 가깝다. 발표문의 오류를 지적하기 보다는 이 글을 읽고 궁금한 내용에 대해 질의하는 것으로 토론자의 역을 다하고자 한다.

첫째, 잘 알다시피 일본은 1871년 7월 청일수호조규를 통해 청국과 근대적 외교관계를 수립한다. 청일 양국은 서양과 근대적 조약을 체결하면서 영사의 상호파견을 골자로 하는 개항장 설치와 영사재판권 부여에 관한 조관을 삽입하였다. 이를 근거로 거의 대부분의 서양국가는 조약체결과 동시에 영사를 파견하였다. 그런데 일본이 조약관계국에 영사를 파견한 것은 1871년 9월이고, 청국은 1877년이 처음이다. 청국이 최초로 영사를 파견한 곳은 초기 중국인이 가장 많이 이주했던 싱가포르였다. 일본에는 1878년에 요코하마·고베 겸 오사카·나가사키에 처음으로 주일청국영사를 파견한다. 일본은 17년 만에 영사를 파견하였고 청국은 개항은 일본보다 먼저 했지만 오히려 영사 파견은 일본보다 늦은 37년 만에 영사를 파견한 것이다. 해외주재 공사나 영사의 파견은 각국의 사정에 따른 것이겠지만 이러한 차이가 나는 이유가 궁금하다. 발표자의 소견을 듣고 싶다.

둘째, 첫째 질문과 관련해 청국의 영사 인식이 어떠하였는지가 먼저 제시되어야 할 필요가 있겠다. 이는 영사재판권의 행사와 관련이 있는 것으로 영사재판권이라는 근대 조약체제의 불평등성이 어떻게 나타났는가를 이해할 수 있게 해주기 때문이다. 발표자도 언급했듯 청국의 영사재판권 행사는 "반드시 청국인에게 유리한 결과가 나오지는 않았다." 그런데 사실 영사재판권이 부여되었다고 하더라도 일방적으로 행사주체에게 유리하게 판결된 사례는 한일 사이에 벌어졌던 민비시해사건에 대한 재판 등 극히 드물다고 할 수 있다. 영사재판은 양날의 검과 같아서 일방적으로 자국에게 유리하게 행사할 경우, 국제사회에서 고립될 가능성이 큰만큼 자국의 외교적·경제적 방면에서 유리하게 활용할 필요가 있었던 것이다. 이를 위해서는 청국의 영사파견의 배경과 목적에 대한 고찰이 선행되어야 하지 않을까 생각한다. 선행연구에서 이미 이와 관련되어 잘 정리되어 있을 것으로 여겨지는데 혹시 이와 관련한 연구성과가 있다면 그 내용을 소개해 줬으면 좋겠다.

셋째, 본 발표문의 연구 대상은 나가사키주재 청국영사의 영사재판권 행사 실태이다. 그렇다면 나가사키주재 청국영사가 누구였고 영사관은 어떠한 조직과 체계를 갖추고 운영되었는지 정리할 필요가 있어 보인다. 대체로 나가사키에 파견된 영사의 면면이나 임면배경, 영사의 특징에 대해 파악한다면 좋을 듯하다. 이와 더불어 청국이 일본에 파견한 영사의 전체상을 언급하고 그 중에서 나가사키에 파견한 인물의 비중, 재임기간 등을 정리한다면 타 개항장과 비교도 되고 나가사키만의 특수성도 드러나지 않을까 한다.

넷째, 본 발표문은 주로 청국영사에 의한 영사재판 중 민사사건을 다루고 있다. 자료의 문제라고 밝혔지만 발표자는 대상지역을 나가사키에 국한하고 그 시기를 1880년부터 1893년까지로 한정하였다. 대상 지역인 나가사키는 요코하마와 고베에 비해 거류인구의 수도 많지 않고 대상 시기 역시 청일전쟁 이전 시기인 1871년부터 1894년까지 대략 24년 중에 14년에 불과하다. 아울러 발표자가 제시하고 있는 사례의 경우 총 33건인데 이 중에서 실제 내용을 분석한 것은 열 건 남짓으로 보인다. 이를 통해 청국인의 일본 내 거류실태를 일반화할 수 있을지 의문이다. 이는 영사재판권을 다룬 거의 대부분의 연구 경향과 일치하는데 이를 극복할 수 있는 방법론의 모색이 가능하다면 어떠한 것이 있을지 듣고 싶다.

다섯째, 대체로 영사재판은 자국민과 외국인 사이에서 벌어진 민·형사 사건에 대해 파견국에 주재하는 영사에 의해 재판권이 행사되는 것을 의미하기도 한다. 하지만 이외에도 해외주재 자국민 사이에서의 갈등·분쟁 역시 이에 해당한다. 가능하다면 나가사키에 거류하던 청국인 사이에서 벌어진 민사사건의 양상을 분석해 보는 것도 필요하다고 본다. 자국민 사이에서 벌어진 사건의 양상이 일본인과 벌어진 사건의 양상과 유사하거나 아니면 특징적으로 다르다면 그것 역시 일본 거류지의 실태에 조금 더 가깝게 다가갈

수 있는 방법이 아닐까 생각한다.

좋은 발표문을 읽고 많은 공부를 할 수 있었습니다. 감사합니다.

메이지 유신(明治維新)과 대한제국의 군제개혁
- 일본 메이지 신정부와 대한제국의 헌병 설치 과정에 대한 비교를 중심으로

이승희 ┃ 동덕여자대학교

1. 들어가며

본고의 목적은 메이지유신을 통해 근대적 서구식 군제로 개혁한 일본이 대한제국의 군제개혁 특히 헌병의 설치에 끼친 영향에 대해 고찰하는 것이다. 일본은 개항기 에도막부(江戶幕府)가 프랑스로부터 군사고문단을 초빙해 군의 근대화를 프랑스식으로 추진한 이래 메이지유신(明治維新)을 통해 성립한 신정부 역시 초기에는 이러한 체제를 답습하여 프랑스식으로 군제를 개혁하고 근대 육군을 양성하였다. 헌병 역시 1881년 '쟌다름(Gendarme)/쟌다르메리(Gendarmerie)'로 불리는 프랑스의 헌병을 모델로 창설하였다.[1]

....

[1] 일본에서는 1881년 헌병 창설 시까지 'Gendarme/Gendarmerie'의 번역어로서 '헌병'과 함께 '비경병(備警兵)', '경비병(警備兵)', '취체병(取締兵)', '군경(軍警)' 등이 혼용되고 있었다(中原英典, 「明治前期における備警兵構想について (上)」, 『警察研究』 47-12, 良書普及會, 1976, 33쪽). 정부의 공문서에 '헌병'이라는 용어의 사용이 처음으로 확인되는 것은 아직 일본에 헌병제도가 없었던 1873년에 제정된 「陸軍省職制及條例」이다. 이러한 모순은 병식(兵式) 고문이었던 프랑스인 듀 부스케(Albert

한편 개항 이후 한국의 군제개혁은 한반도를 둘러싼 주변 강대국의 각축
과 맞물려 시기별로 일본, 청나라, 미국, 러시아의 영향을 받아가며 추진되
었다. 특히 대한제국 시기에는 일본과 러시아의 간섭과 영향을 강하게 받으
면서도 자주적인 군제개혁을 추진했다. 황제의 군령권을 강화하기 위한 조
치로서 1899년 황궁 안에 황제 직속의 최고통수기관인 원수부(元帥府)를 설
치하였고, 1900년 그 예하에 헌병도 설치되었다.[2]

일본이 프랑스를 모델로 헌병을 설치한 것은 주지의 사실이고 관련 연구
도 다수 존재하지만,[3] 한국의 경우 정부 내에서 어느 나라를 모델로 어떠한
논의를 거쳐 헌병이 설치되었는지는 현재까지 명확히 밝혀진 바가 없다. 다
만 시기적으로 다른 군제개혁과 마찬가지로 일본의 영향을 받았을 것으로
추측될 뿐이다.[4]

⋯⋯⋯⋯⋯⋯⋯⋯⋯

Charles Du Bousquet)의 건의를 그대로 번역, 차용하면서 생긴 오류로 여겨진다(陸
軍省, 『規則條例』 M6-2, 15, 일본 방위성 방위연구소 도서관 소장).

2) 갑오개혁 이후 군제개혁을 다룬 대표적 선행연구는 다음과 같다. 車文燮, 「舊韓末
軍事制度의 變遷」, 『軍史』 5, 국방부 군사편찬연구소, 1982 ; 조재곤, 「대한제국기
군사정책과 군사기구의 운영」, 『역사와 현실』 19, 한국역사연구회, 1996 ; 車文燮,
『朝鮮時代軍事關係研究』, 단국대학교 출판부, 1996 ; 서인한, 『대한제국의 군사제
도』, 혜안, 2000 ; 양상현, 「대한제국의 군제 개편과 군사 예산 운영」, 『역사와 경
계』 61, 2006 ; 이성진, 「구한말의 호위제도 고찰」, 『한국경호경비학회지』 29, 한
국경호경비학회, 2009 등.

3) 松下芳男, 『明治軍制史論』 上卷, 有斐閣, 1956 ; 中原英典, 앞의 글 ; 大日方純夫,
『日本近代國家の成立と警察』, 校倉書房, 1992 ; 佐久間健, 「明治前期における
憲兵創設の經緯-藩閥政治との關聯から-(上)/(下)」, 『早稻田政治公法研究』 87/88,
2008 ; 이승희, 「일본과 한국의 헌병제도 '도입' 과정을 둘러싼 문무관 대립 양상」,
『日本學研究』 36, 檀國大學校 日本研究所, 2012 ; 이승희, 「메이지(明治) 시기 프
랑스 헌병제도의 일본 수용과정」, 『中央史論』 39, 중앙사학연구소, 2014 등.

4) 최근 구한말 군사법제도 개혁에 초점을 맞추어 각 법령 조문과 관련자들에 대한
면밀한 분석을 통해 일본 법제와의 상관관계를 실증적으로 고찰한 김혜영의 선구
적인 연구 성과도 나와 주목할 만하다(김혜영, 「갑오개혁 이후 군사법제도(軍司法
制度)의 개혁-「육군징벌령」과 「육군법률」을 중심으로」, 『軍史』 89, 국방부 군사

따라서 본고에서는 일본 메이지 신정부와 대한제국이 각각 헌병제도를 신설하게 되는 과정을 비교 검토함으로써 양자 사이의 연관성에 대해 고찰하고자 한다. 이를 위해 먼저 제2장에서 일본이 프랑스를 모델로 헌병제도를 창설하게 되는 배경과 그 과정에 대해 정리할 것이며, 제3장에서는 대한제국이 헌병제도를 창설하게 되는 배경과 그 과정, 그리고 완성된 「헌병조례(憲兵條例)」 조문에 대한 검토를 통해 일본이 대한제국 헌병제도에 끼친 영향에 대한 분석을 진행할 것이다.

2. 일본 메이지 신정부의 헌병제도 창설 과정

본 장에서는 먼저 근대 초기 프랑스의 헌병제도가 일본에 도입되는 상황에 대해 검토해 보도록 하겠다.[5] 18세기 이후 프랑스에서 만들어진 헌병제도는 유럽과 전 세계로 파급되었고, 일본 메이지 신정부도 헌병제도를 신설하고자 했을 때 가장 대표적이라 할 수 있는 프랑스의 헌병제도 도입을 최우선으로 검토할 수밖에 없었다.

예를 들어 약 1년간 유럽 경찰제도를 시찰한 대경시(大警視) 가와지 도시요시(川路利良)는 1873년 9월 정부에 제출한 의견서에서 프랑스는 일반적인 문관경찰과 구별하여 육군의 규칙에 따라 전국에서 군사경찰과 함께 행정경찰과 사법경찰을 행하는 육군부대인 '잔다르메리(Gendarmerie)'를 운용하고 있다고 소개하였다.[6] 다음 해인 1874년 6월에는 가와지와 함께 약 1

편찬연구소, 2013).

5) 본 장의 주요한 내용은 필자가 이전에 발표한 「일본과 한국의 헌병제도 '도입'을 둘러싼 문무관 대립 양상」, 「메이지(明治) 시기 프랑스 헌병제도의 일본 수용과정」에 실린 연구 성과의 일부에서 발췌, 재인용한 것임을 미리 밝혀둔다.

6) 「警保助川路利良君歸朝後六年十月定院ヘ建言ノ寫シ」(井上三治氏舊藏, 「刑法附

년간 프랑스 등을 시찰한 사법 관료 이노우에 고와시(井上毅)가 대검사(大檢事) 기시라 가네요시(岸良兼養)와 연명으로 정부에 제출한 건백서에서 유럽 각국과 마찬가지로 군사경찰인 '비경병(備警兵)' 즉 헌병을 일본에 설치할 필요성이 있다고 주장하였다.[7] 건백이 받아들여지지 않자 이노우에는 1877년 1월에 다시 「헌병설치의견안(憲兵設置意見案)」을 정부에 제출하며 "프랑스의 '잔다르메리' 제도를 본받아", "헌병을 두어 지방 경라(警邏)의 사항은 특히 육군의 직무로 해야 한다"고 주장하였다.[8] 가와지나 이노우에 외에도 프랑스 유학파 군인 및 사법 관료들도 정부 내에서 프랑스 헌병제도의 도입을 추진하였다. 육군의 와타리 마사모토(渡正元),[9] 경찰의 오야마 쓰나마사(大山綱昌)[10]와 사와 다다시(佐和正)[11] 등이 대표적이라 할 수 있다.

이와 같이 프랑스의 헌병제도 도입이 검토된 이유로는 당시 메이지유신 직후 일본 국내의 혼란 상황과 신정부가 국민개병원칙에 따라 징병령을 통해 모집한 신식군대에서 심화되고 있던 군기문란 사태를 들 수 있다. 메이지 신정부는 근대적인 개혁을 강압적으로 추진하는 과정 속에서 '사가(佐賀)의 난'(1874), '신푸렌(神風連)의 난'(1876), '아키즈키(秋月)의 난'(1876), '세이난(西南) 전쟁'(1877) 등과 같은 사족(士族) 계층의 반란에 직면하고 있었다. 이러한 상황 속에서 국내 각 지방의 치안을 담당하고 있는 경찰관 구성

....

則 法理百則」, 由井正臣·大日方純夫 編 『官僚制 警察』, 岩波書店, 1990, 230쪽).

7) 「乞設備警兵議」(井上毅傳記編纂委員會 編 『井上毅傳』 史料編 第1, 國學院大學圖書館, 1969, 12~14쪽에 수록).

8) 위의 책 125~126쪽. 이노우에는 헌병 설치의 편의점으로 ①경찰비용 절감, ②경찰력 강화, ③군기 단속 3가지를 들었다.

9) 田中隆二, 「渡正元の「漫遊日誌」について」, 『佛蘭西學研究』 30, 日本佛學史學會, 2000, 5~6쪽.

10) 「川路大警視を語る-大山綱昌翁回舊談-」, 警視廳警務部教養課 編, 『自警』 154, 1932, 70~71쪽.

11) 佐久間健, 앞의 글 (下), 60쪽.

원의 대부분이 사족이라는 점도 신정부에게는 커다란 불안요인으로 작용해
새로운 경찰기구 창설의 필요성이 대두되었던 것이다.

또한 1873년 1월 발포된 징병령으로 인해 농민이나 상인 등 서민 출신자
들이 군인들의 대다수를 형성하게 된 사실도 새로운 문제를 초래하게 되었
다. 과거 군사에 관한 권익을 독점하고 있던 사족들은 자신들의 특권이 박
탈되었다고 인식하여 신정부에 대한 반감이 고조되었고, 이는 위에서 언급
한 반란으로 연결되기도 하였다. 사족 출신의 경찰관과 서민 출신의 군인
사이에 갈등과 충돌도 빈번하게 나타났다. 더욱이 이들 서민 출신 군인들의
군기(軍紀)가 낮아 이들이 병영 밖에서 일으키는 일탈행위도 문제시 되었다.
따라서 이러한 문제점들을 바로잡기 위해 군대를 대상으로 하는 경찰기관
인 헌병의 창설이 필요했던 것이다.

1874년 5월 오사카(大坂) 진대(鎭臺)의 육군중좌 가와무라 가요(河村澕與)
의 상신서에서는 병졸들이 "번화가를 배회하다가 술에 취해 곤드레만드레
가 되어 말썽을 일으키고도 오히려 세력을 믿고 함부로 날뛰는 모습"을 지
적하며, 군기문란을 이유로 조속한 헌병 설치를 주장하였다.[12] 다음 해인
1875년 5월에는 육군소보(陸軍小補)였던 오야마 이와오(大山巖)가 태정대신
(太政大臣)에게 보낸 건의서에서 "군인들의 영국부인에 대한 무례한 거동"
이 문제가 되어 영국 정부로부터 "외무성에 수차례 항의"가 있었기 때문에
"병사들에 대한 단속을 거듭 엄중히 할 것"을 요청했고, 아울러 군인이 "우
에노(上野)에서 순사와 다투어 혼잡한 상황"이 벌어지는 등 군인과 관련한
사건이 끊임없이 발생하고 있기에 헌병 설치를 통해 군인에 대한 단속을 강
화해야 한다고 주장하였다.[13]

이 밖에도 근위포병연대 병사 260여명이 일으킨 반란인 '다케바시(竹橋)

12) 「憲兵創設ノ議ヲ大坂鎭臺ヨリ申請ス」(田崎治久, 『日本之憲兵 正·續』, 三一書房,
    1971, 復刻板, 339~340쪽).
13) 「憲兵設置ノ儀伺」(『公文錄』明治8年, 第42卷, 일본 국립공문서관 소장).

사건'(1878)과 당시 전국적으로 고양되고 있던 '자유민권운동'의 군 내부 특히 농촌 출신 병사들에 대한 파급은 헌병을 설치하여 군기문란을 바로잡고 군을 사상적으로 단속해야 한다는 정부와 군부의 인식을 강화시켰다.[14]

결국 1880년 12월 육군경(陸軍卿) 야마가타 아리토모(山縣有朋), 내무경(內務卿) 사이고 쓰구미치(西鄕從道), 사법경(司法卿) 야마다 아키요시(山田顯義) 참의(參議) 3인은 연명으로 경찰기구 개편과 헌병 설치의 내용을 담은 건백서를 태정관에게 제출함으로써 헌병제도의 창설이 확정되기에 이르렀다.[15] 「헌병조례」의 초안은 태정관 법제부 주사 이노우에가 중심이 되어 태정관 권소서기관(權小書記官)으로 법제부 겸무인 기요우라 게이고(淸浦奎吾), 법제부 전무(專務) 겸 군사부 주사 와타리, 소경시(小警視) 사와 등 꾸준히 헌병 설치를 주장하던 프랑스파 관료들이 중심이 되어 작성하였다.[16]

마침내 1881년 3월 11일에는 태정관달(太政官達) 제11호로써 「헌병조례」가 제정되어 정식으로 일본에 헌병제도가 창설되었다. 총 3장 54개조로 이루어진 조문 중 주요한 부분을 인용하면 다음과 같다.

제1장 헌병범칙(憲兵汎則)

제1조 무릇 헌병은 육군병과의 일부에 위치하고, 순안(巡按) 검찰(檢察)의 사무를 관장하며, 군인의 비위(非違)를 시찰하고 행정경찰 및 사법경찰의 사무를 겸해, 내무, 해군, 사법의 3성(三省)에 겸속(兼屬)하여 국내의 안녕을 관장한다. 그 전시 혹은 사변 시의 복무 방법은 따로 이를 정한다.

제3조 헌병의 직장(職掌) 중 그 군기(軍紀)가 검찰에 관계된 사항은 육해

14) 全國憲友會聯合會 編『日本憲兵正史』, 硏文書院, 1976, 54~61쪽, 120~123쪽.
15) 「警視局ヲ改良シテ憲兵ヲ置クヘキノ件」(『太政官・內閣關係 諸雜公文書』, 일본 국립공문서관 소장).
16) 佐久間健, 앞의 글 (下), 47쪽.

군 양성에 예속되고, 행정경찰에 관한 사항은 내무성에 예속되며, 사법경찰에 관한 사항은 사법성에 예속된다.

제4조 헌병은 그 직무에 관해 경시총감, 부지사(府知事), 현령(縣令)(도쿄 부지사(東京府知事)를 제외) 및 각 재판소 검사의 지시를 받을 때에는 즉시 그 일에 따라야한다.

제7조 순찰 중 만일 경찰의 직권을 가진 자 또는 순사로부터 조력을 요구받을 일이 있을 때에는 즉시 응원하고, 교대하여 그 일을 관장한다. 또한 경우에 따라 헌병으로부터 순사에 보조를 요구할 수 있다.

제11조 군인이 유보(遊步) 중 길에서 술에 취해 폭행하고 혹은 술집, 음식점 등에서 폭동을 일으키고, 혹은 무권(武權)을 휘둘러 사람을 모욕하고 능멸하는 등 일반적으로 부대 밖에서 흉포한 행동을 하고 다니는 자는 즉시 체포하고, 만약 폭행자가 여러 명 있어 모두 포획할 수 없을 때에는 그 중에서 주모자 혹은 권위 있는 자를 체포해야 한다.

제13조 만약 초적(草賊), 폭동 등의 맹아(萌芽)가 보이면 상세히 이를 시찰하고 그 수모자의 이름 및 그 인원 등을 정탐하여 즉시 보고해야 한다.

제14조 수해, 화재 시에는 오로지 그 방구(防救)를 행하고, 비위를 경계하며 또한 화물운반의 장소 등을 감시해야 한다.

제2장 포치편제(布置編制)

제20조 헌병은 현재 먼저 도쿄부 하에 그 1대(隊)를 설치하여 3대대(大隊)로 이를 편제하고, 헌병본부를 두어 육군경에게 직례(直隷)시킨다.

제3장 직무분장

제31조 대장은 각 관청의 명령 혹은 의뢰를 받아 그 직무를 수행하고, 아
    울러 그 직무에 관해서는 즉시 각 관청과 왕복할 수 있다.

제32조 대장은 비상 사건을 탐지하면 즉시 이를 내무경, 육군경, 사법경
    및 경시총감에게 급보해야 한다.[17]

헌병을 '육군병과의 일부'로 설치한 것이나 군사경찰과 함께 행정경찰과
사법경찰을 겸무시켜 광범위한 경찰권을 부여해 직무별로 육군성은 물론
'내무, 해군, 사법 3성에 겸속'된다고 하는 등 일본의 「헌병조례」는 조문의
주요 부분을 프랑스의 것으로부터 많이 차용하였다.

이와 같이 일본은 메이지 신정부 수립 이후 발생한 혼란 속에서 군기의
확립와 경찰기구 개편을 주요 목적으로 하여 프랑스파 군인과 사법관료들
이 중심이 되어 프랑스의 '쟌다르메리'를 모델로 삼아 헌병제도를 창설했던
것이다.

3. 대한제국의 헌병제도 창설과 일본의 영향

일본과는 달리 한국의 군제 개혁은 주변 열강의 영향으로 혼란스러운 양
상을 나타냈다. 갑오개혁 이후 근대적인 군제를 도입하던 시기 처음에는 일
본식으로 군제 개혁을 추진하다가 아관파천 이후에는 러시아식으로 추진하
는 등 정치상황에 따라 단기간에 군제가 뒤바뀌었다. 이로 인해 군대 내부
에는 혼란이 초래되었고 군기도 저하될 수밖에 없었다.[18] 실제로 1899년 4

....

17) 「憲兵制度御達」(太政官, 『太政官』 M14-1-1, 일본 방위성 방위연구소 도서관 소장).
18) 김혜영, 앞의 글, 127쪽.

월 30일에는 친위대와 한성에 주둔하는 평양 진위대 병사 간 패싸움이 벌어져 10여명의 부상자가 발생하기도 했으며,[19] 병사들이 술을 마시고 민간인과 순검에게 행패를 부리는 사례도 자주 발생하였다.[20] 심지어 지방대(地方隊)의 병사들이 민간인으로부터 세를 받고 구타하는 일도 벌어졌을 정도로 군기가 문란한 상황이 계속되었다.[21]

이러한 군기 문란 문제를 해결하고자 육군참장(陸軍參將) 백성기(白性基)는 1900년 4월 17일 군무에 관한 14개조를 상소하면서 군정 전반에 걸친 문제점의 개선을 주장하였는데, 특히 군의 기강을 바로잡기 위해 육군법률의 시행을 촉구하고 다음과 같이 헌병의 설치도 주장하였다.

　　아홉째, 헌병을 설치하는 문제입니다. 군사는 용맹을 좋아하고 굳세어서 남에게 굽히지 않지만 행동거지는 일반 백성들보다도 더욱 배나 조심해야 합니다. 병영에서 나갈 때마다 거리에서 소란을 일으키지 않을까 걱정되기 때문에 일상적으로 각 거리에 군사를 파견하여 병정들의 행동을 순찰하고 있습니다. 지금에 와서는 규정이 해이해져 각 동(洞)에 파견된 자들이 순찰은 하지 않고 우두커니 서 있거나 멍하니 산만 쳐다보고 있으니, 그들에게는 비록 밤낮이 없는 고역이겠지만 사실은 자그마한 보람도 없으며 도리어 군무상 큰 손해가 됩니다. 군사의 직분은 날마다 사격을 배워 익히는 것입니다. 그런데 순찰이라고 하면서 파견된 자들 중 익숙한 자들은 복습할 겨를이 없고 익숙하지 못한 자들은 배울 시간이 없으니, 한 부대의 군사들 중 절반이 이런 병졸들입니다. 여러 해 가르쳤다는 것이 이제 와서 허사로 되고 말았으니 이것이 어찌 부대를 구성한 본뜻이겠습니까? 이는 사실상 헌병을 설치하지 않은 탓이며 쓸데없는 것을 가지고 쓸데 있는 것을 해치는 것입니다. 수백 명의 폐해로 인하여 세 부대의 군사들에게까지 해가 미치니 참으로 유감스럽습니다. 친위의 각 부대 병정 중

---

19) 『독립신문』 1899년 5월 3일자, 5월 8일, 5월 10일자.

20) 『독립신문』 1897년 10월 2일자, 1898년 11월 4일자, 1899년 8월 19일자 ; 『매일신문』 1898년 1월 4일자, 11월 4일자, 1899년 3월 15일자 등.

21) 『독립신문』 1898년 7월 21일자.

에서 문필을 좀 아는 사람들로 1개 중대를 선발하여 헌병으로 삼고, 지금의 순검장정(巡檢章程)을 가르쳐 익히게 해서 일체 순찰 사무를 전적으로 맡아보게 하되, 대오를 구성하기 전에는 우선 군법국(軍法局)에 소속시켜 지휘하고 통제하며 법에 따라 상주고 벌주게 할 것입니다. 그리고 각 곳의 순찰하던 병정들은 일체 철수하여 돌아오게 해서 그들에게 규례대로 훈련시켜 대대를 완성하게 할 것입니다.[22]

　백성기는 현재까지 확인된 공식적인 기록에서 한국군 내에 헌병 설치를 최초로 건의한 인물이라 할 수 있다. 상소에서 "일체 순찰사무를 전적으로 맡아보게" 한다는 것은 일본의 헌병과 마찬가지로 군사경찰뿐만 아니라 행정경찰과 사법경찰까지 모두 관장시켜야 한다는 것을 의미한다. 전술한 바와 같이 '헌병'이라는 용어 자체가 일본이 만든 번역어인데 이를 그대로 차용하여 사용하고 있다. 백성기는 독립협회 간사부에 소속되어 활약한 개혁파 무관의 한사람으로 군사실무적인 식견을 가지고 1898년 4월부터 1899년 6월까지 군법기초위원으로서 군법개혁을 이끈 인물이었다. 1900년 7월부터는 군법교정부 총재, 육군법원장, 원수부 군무국 총장, 기록국 총장, 검사국 총장 등을 역임하였다.[23] 따라서 직접적으로 일본에 유학이나 시찰을 다녀오지는 않았지만, 일본유학과 군법기초위원으로 일본 제 법령의 번역을 담

....

22) 『高宗實錄』 卷34, 光武4年4月17日, "九日, 憲兵設置. 兵者, 好勇能强, 不爲人下, 而行止動靜, 尤當倍謹於平民. 每於出營之時, 恐有街路作梗之弊, 故例常派兵於各街, 巡察兵丁之行動. 而到今約束解弛, 出派各洞者, 不事巡察, 而徒然植立, 悠然見山, 於渠雖是日夜之苦役, 實無半分之效, 而反爲大害於軍務上矣. 兵之職役, 是敎習射放, 日以爲事者也. 稱曰巡察而派送者, 已鍊者無溫習之暇, 未鍊者無敎學之日, 則一隊之兵, 居半是兵也. 積年敎育者, 今焉歸虛, 是豈成隊之本意乎? 此實憲兵未設之致, 而以無用害有用者也. 以數百名之害及於三隊之兵, 誠甚慨然. 親衛各隊兵丁中, 以稍嫻文筆者, 選出一中隊, 以爲憲兵敎習, 現行巡檢章程專管, 一應巡察事務. 而成隊之前, 姑爲付屬軍法局, 指授節制, 按法賞罰, 各處所謂巡察兵丁, 一切撤還, 使之如例敎育, 以完大隊焉".

23) 『大韓帝國 官員履歷書』 17冊, 30冊, 국사편찬위원회, 1972.

당하던 어윤적(魚允迪)을 통해 일본의 「헌병조례」를 접하고 그 내용을 이미
파악하고 있었던 것으로 여겨진다.[24]

　백성기의 헌병 설치 요구에 대한 조정 내의 논의 과정에 대해서는 관련
사료의 부재로 확인할 수는 없지만, 백성기의 요구는 수용되어 약 1년 뒤인
1900년 5월 31일 다음과 같이 원수부에 헌병대를 설치하라는 황제의 명이
내려졌다.

　　　조령(詔勅)을 내리기를 "육군 제도를 만든 지 여러 해 되었으니, 이를 통제하
　　는 방도에 대해서도 응당 강구해야 할 것이다. 그런데 헌병을 아직까지 설치하
　　지 않았으니 군제(軍制)의 흠이다. 원수부로 하여금 헌병대를 편제하여 들이게
　　하라" 하였다.[25]

　이에 따라 1900년 6월 30일 칙령 제23호로 「육군헌병조례(陸軍憲兵條
例)」가 반포되었다. 총 5장 20개조로 이루어진 전문을 인용하면 다음과
같다.

　　제1장 총칙
　　제1조, 육군헌병사령부는 원수부에 예속하여 군사경찰, 행정경찰, 사법경찰
　　　　　을 관장한다.
　　제2조, 육군헌병은 군사경찰에 관한 일은 군부(軍部)대신의 요청에 응하고,
　　　　　행정경찰에 관하여는 내부(內部)대신과 각 관찰사의 요청에 응하고,
　　　　　사법경찰에 관하여는 법부(法部)대신과 경부(警部)대신의 요청에 응
　　　　　한다.
　　제3조, 헌병은 그 직무에 관하여 다음과 같은 경우에는 즉시 병기를 사용할
　　　　　수 있으며, 사기(事機)가 급절(急切)하지 않고 지방에 통신을 할 만한

---

24) 김혜영, 앞의 글, 134~135쪽.
25) 『高宗實錄』 卷40, 光武4年5月31日, 詔曰: "陸軍制置, 厥有年所矣, 其操制之方,
　　在所講究. 而憲兵之尙今未設, 有欠軍制. 令元帥府憲兵隊編制以入".

경우에는 사령부에서 대보(隊報)를 거쳐 원수부에 전보(傳報)하여 칙
령을 받든 후 사용한다.
1. 상해하는 폭행을 받았을 때.
2. 점수(占守)한 토지와 위장(委掌)한 처소를 병력이 아니면 수위
   (守衛)하기 힘들 때.
3. 인명을 방위할 때에 병력이 아니면 구호하기 힘들 때.
4. 직무로서 여인(與人) 저항할 때에 병력이 아니면 제승(制勝)하기
   힘들 때.

제2장 편제
제1조, 헌병사령관을 헌병사령부를 경성(京城)에 두고 경성 및 각 지방에 긴
급함에 따라 헌병대를 설치한다.
제2조, 헌병대호는 그 위치하는 지방에 따라 모모(某某)헌병대(知京城憲兵隊
類)라 칭한다.
제3조, 헌병사령부 직원은 다음과 같이 둔다.

직명	사령관	부관	향관(餉官)	서기	
인원	1명	1명	1명	4명	총 7명
관등	장관(將官)	정위(正尉)	1,2,3등 군사(軍司) (혹은 부관 겸장)	정교(正校) 1 부교(副校) 1 참교(參校) 2	

제4조, 헌병대는 본부 및 2중대로 편성하며 그 본부에 속한 직원은 다음과
같다.

직명	대장(隊長)	부관	향관(餉官)	서기	
인원	1명	1명	1명	2명	총 5명
관등	영관(領官)	부위(副尉)	1,2,3등 군사(軍司) (혹은 부관 겸장)	부교(副校) 1 참교(參校) 2	

제5조, 헌병중대는 2소대로 편성하고 1소대는 4분대로 편성하고 1분대는 하
사 1명, 상등병 10명으로 편성하며 그 1중대의 직원은 다음과 같다.

직명	중대장	소대장	서기	분대장	상등병	
인원	1명	1명	1명	8명	80명	총 92명
관등	정부위 (正副尉)	부참위 (副參尉)	정교 (正校)	부참교 (副參校)		

제3장 직무

제1조, 헌병사령관은 전국 헌병대를 통할하여 사령부의 사무를 총리하며 부
하 헌병대에 군기 풍기, 훈련, 교육, 복무, 경찰 등을 규정한다.

제2조, 헌병사령관은 군사경찰에 관하여 군부대신과 여단장(旅團長)에게 상
호 조첩(照牒)하고 각 병과 연대장 및 각 대장에게 훈칙(訓飭)할 수
있으며, 행정경찰에 관해서는 내부대신과 각 관찰사에게 상호 조첩
하며 각 지방관에게 훈칙할 수 있고, 사법경찰에 관해서는 법부대
신과 경부대신에게 상초 조첩하며 각 서(署) 경무관에게 훈칙할 수
있다.

제3조, 헌병대장은 부하를 감독하여 제 근무의 방법을 지정하며, 대의 사무
를 총리하고 또한 소관지방의 정세와 경황을 엄밀 심찰(審察)하여 경
급(警急)한 일과 긴급한 사건이 있을 때에는 서둘러 헌병사령관에게
보고하고, 이어 경부대신 및 소관 부근 관찰사에게 지조(知照)해야
한다.

제4조, 헌병중대장은 관내 지방에 정세를 심찰하고 부하를 지휘하여 소관
사무를 처리하고, 또한 사기(事機)에 따라 경무관 및 지방관과 상호
비첩(秘牒)해야 한다.

제5조, 헌병소대장은 중대장의 명을 받들어 부하의 조련 교육을 담임하며,
분대장 이하의 복무 근만(勤慢)과 제반 경찰사무를 지시 감독한다.
헌병분대장은 상등병의 근무를 지휘 감독 하며, 관내를 일기(日起)
순시하여 정황을 밀심(密審)한다. 상등병은 오로지 순찰 및 경찰사무
에 종사하고 사기에 따라 상심(詳審) 밀사(密査)해야 한다.

제4장 보충

제1조, 헌병대 영관과 위관은 각 병과 영관과 위관 중에서 임용한다.

제2조, 헌병대 하사는 각 병과 각대 하사 및 헌병대 상등병 중에서 문장이
　　　연숙(硏熟)하며 품행방정하고 근무에 면려(勉勵)하며 기민 용감한 자
　　　로 시험을 거쳐 채용한다.
제3조, 헌병상등병은 각 병과 각 부대 상등병 중에서 문장이 초숙(稍熟)하며
　　　품행방정하고 근무에 면려하여 1개년 이상 대무(隊務)에 복종한 자로
　　　시험을 거쳐 초선(抄選)한다.
제4조, 헌병대 하사, 상등명은 대도(帶刀)하며 혹은 단총을 겸용할 수 있다.

제5장 봉급
제1조, 헌병 장관, 영관, 위관의 봉급은 시친(侍·親) 양대의 봉급에 준한다.
제2조, 하사 및 상등병의 급료는 다음과 같다.
　　　정교 1인 월액 14원, 부교 1인 월액 11원 50전, 참교 1인 월액 9원
　　　50전, 상등병 1인 월액 6원 50전.
제3조, 본령은 배포일로부터 시행한다.[26]

　　헌병대 사령관은 8월 2일 육군 부장으로 원수부 회계국 총장이었던 민영
환(閔泳煥)이 겸임하게 되었다.[27] 편성 당시의 헌병대는 제2장 제4조와 같
이 본부와 2개 중대로 출발하였으나, 1901년에는 4개 중대, 1903년 6월 24
일에는 5개 중대로 증가하였다.[28]
　　「육군헌병조례」는 일본의 「헌병조례」 명칭을 그대로 차용하였다. 그리고
가장 근본적인 헌병의 예속 및 직무권한, 직무의 집행에 따른 지휘관계 등
을 규정한 제1장 총칙 부분은 1898년 11월 29일 칙령 제337호에 의해 전문
개정된 일본의 「헌병조례」 제1장의 주요 부분을 거의 그대로 옮기다시피
했다<표 1>.[29] 뿐만 아니라 조례의 전체 구성, 용어 등도 일본의 「헌병조

....
26) 『官報』第1616號, 光武4年7月3日.
27) 『官報』第1647號, 光武4年8月8日.
28) 陸軍士官學校 韓國軍事硏究室, 앞의 책, 403~404쪽.
29) 「御署名原本·明治31年·勅令第337號·憲兵條例改正」(內閣, 『御署名原本』, 明治

례」로부터 많은 영향을 받았다는 것을 알 수 있다.

<표 1> 대한제국의 「육군헌병조례」와 일본의 「헌병조례」 내용 비교

구분	대한제국	일본
명칭	육군헌병조례	헌병조례
예속 및 직무권한	제1장 총칙 제1조, 육군헌병사령부는 원수부에 예속하여 군사경찰, 행정경찰, 사법경찰을 관장한다.	제1장 총칙 제1조, 헌병은 육군대신의 관할에 속해 주로 군사경찰을 관장하고 겸하여 행정경찰, 사법경찰을 관장한다.
직무의 집행에 따른 지휘 관계	제1장 총칙 제2조, 육군헌병은 군사경찰에 관한 일은 군부(軍部)대신의 요청에 응하고, 행정경찰에 관하여는 내부(內部)대신과 각 관찰사의 요청에 응하고, 사법경찰에 관하여는 법부(法部)대신과 경부(警部)대신의 요청에 응한다.	제1장 총칙 제2조, 헌병은 그 직무의 집행에 따라 군사경찰에 관련된 것은 육군대신 및 해군대신, 행정경찰에 관련된 것은 내무대신, 사법경찰에 관련된 것은 사법대신의 지휘를 받는다.
병기 사용 여부	제1장 총칙 제3조, 헌병은 그 직무에 관하여 다음과 같은 경우에는 즉시 병기를 사용할 수 있으며, 사기(事機)가 급절(急切)하지 않고 지방에 통신을 할 만한 경우에는 사령부에서 대보(隊報)를 거쳐 원수부에 전보(傳報)하여 칙령을 받든 후 사용한다. 1. 상해하는 폭행을 받았을 때. 2. 점수(占守)한 토지와 위장(委掌)한 처소를 병력이 아니면 수위(守衛)하기 힘들 때. 3. 인명을 방위할 때에 병력이 아니면 구호하기 힘들 때. 4. 직무로서 여인(與人) 저항할 때에 병력이 아니면 제승(制勝)하기 힘들 때.	제1장 총칙 제5조, 헌병은 아래에 기재한 경우가 아니면 병기를 사용할 수 없다. 1. 폭행을 받을 때. 2. 그 점수(占守)하는 토지 혹은 위탁받은 장소 또는 사람을 방위할 때 병력을 사용하는 외의 수단이 없을 때, 또는 병력을 사용하지 않고서는 저항에 이길 수 없을 때.
헌병 사령관의	제3장 직무 제1조, 헌병사령관은 전국 헌병대를 통할하	제3장 직무 제14조, 헌병사령관은 각 헌병대를 통할하

31年, 일본 국립공문서관 소장). 조례의 전문은 <부록> 참조.

| 직무 | 여 사령부의 사무를 총리하며 부하 헌병대에 군기 풍기, 훈련, 교육, 복무, 경찰 등을 규정한다. | 고 사령부의 사무를 총리한다.
제15조, 헌병사령관은 헌병대의 군기, 풍기, 훈련, 교육 및 직무 복행의 정도를 검열해야 한다. |

한편 내용을 옮기는 과정에서 생긴 오류도 보인다. 「육군헌병조례」 제정 당시 대한제국 군대의 편제상 여단이 존재하지 않았는데도 불구하고 제3장 제2조에 '여단장'이 언급되고 있다.[30] 이는 일본군 「헌병조례」의 내용을 옮기는 과정에서 생긴 오류로 볼 수 있다.

「육군헌병조례」의 반포를 전후해 군기의 확립을 목적으로 제정된 1896년 1월 24일 칙령 제11호 「육군징벌령(陸軍懲罰令)」과 1900년 9월 14일 법률 제4호 「육군법률(陸軍法律)」에서도 일본 법제의 영향을 찾아볼 수 있다. 「육군징벌령」의 경우 각 조항이 1881년 12월 28일 달을(達乙) 제73호로 반포된 일본의 「육군징벌령」의 제목과 구성, 그리고 각 조항의 내용이 거의 동일한 문구와 용어로 표현되어 일본의 것을 참조해 작성한 것임을 부정할 수 없다.[31] 「육군법률」의 경우 1881년 포고(布告) 제69호로 반포된 일본의 「육군형법(陸軍刑法)」을 일부 참조·수용하여 구조 등에 유사한 부분이 존재한다.[32]

······························

30) 위의 책, 404쪽. 여단은 1902년에 편제된다.
31) 김혜영, 앞의 글, 123쪽.
32) 위의 글, 147쪽.

4. 하세가와 요시미치(長谷川好道)와
대한제국 헌병제도의 개편

「육군헌병조례」 제2장 편제 부분 제1조와 제2조에 따르면 경성 외에도 각 지방에도 헌병대를 설치한다고 규정되어 있었지만 실제로는 수도 경성에만 배치되어 있었던 것으로 보인다. 이러한 사실은 1904년 12월 26일 한국주차군(韓國駐箚軍) 사령관 하세가와 요시미치(長谷川好道)가 고종황제에게 올린 「한국군제개정에 관한 의견」을 통해도 알 수 있다. 당시 러일전쟁에서 승리하고 통감부를 설치하여 한국을 보호국화한 일본은 한국 내정에 대한 간섭을 강화해나가며 한국군을 감축하는 작업을 진행하고 있었다. 의견서에서는 군제 개혁을 핑계로 호위대와 같은 구식군대는 전폐시키고, 보병은 감축하여 지방에 분산시키며, 기병, 포병, 공병, 치중병(輜重兵)을 없앨 것을 주장하였다. 하지만 헌병에 관해서는 "헌병은 군인 군속의 군기 풍기를 감시하고 군사상에 관한 경찰사항을 관장하는 것인데 현재와 같이 경성에만 두는 것은 그 목적에 크게 반하는 것이다. 마땅히 이를 확대하여 각 보병 대대 소재지에 분치할 필요가 있다"고 하며 헌병대의 증설과 지방 분치를 주장하였다.[33]

하세가와의 의견서는 1905년 4월 14일 일련의 칙령을 통한 한국군 편제 개정을 통해 실행에 옮겨졌다. 헌병도 칙령 제29호로 새로운 「헌병조례」가 반포되어 1900년에 칙령 23호로 반포된 기존의 「육군헌병조례」는 폐지되었다.[34] 하지만 「헌병조례」의 내용은 사실상 대부분 「육군헌병조례」의 것을 그대로 답습하는 내용이었다. 제1장 총칙 부분에서는 제1조 헌병사령부

33) 「韓國軍制改革ニ關シ長谷川軍司令官ヨリ韓帝ニ奉シタル上奏文寫進達ノ件」(『日本外交文書』 第38卷 第1冊, 773, 892~894쪽).
34) 『官報』 號外, 光武9年4月22日.

의 예속이 '원수부'에서 '군부대신'으로 바뀌었고, 제2조 "군사경찰에 관한
일은 군부대신의 요청에 응하고" 부분이 "지휘를 받고"로 바뀌었다.

제2장 편제 부분은 새롭게 헌병파주소(憲兵派駐所)와 구대(區隊)를 설치
하면서 각 조의 내용이 다음과 같이 많이 바뀌었다.

제1조, 헌병사령부를 경성에 두고 직원은 다음 별표에 의한다.

직명	사령관	부관			
관등	참장(參將) 혹은 정령(正領)	참령(參領) 혹은 정위	정교	부참교 (副參校)	
인원	1명	1명	1명	4명	총 7명

제2조, 보병 각 대대 소재지에 헌병파주소를 두고 헌병사령관의 관할에 속
하게 하며 1개소의 인원은 15명 이상 20명 이내로 정하되 위관 1명
으로 지휘케 한다.

제3조, 헌병대는 6구(區)로 편성하고 본부 및 1개 구대의 직원은 다음 별표
와 같다.

헌병대 본부

직명	대장	부관	향관	의관(醫官)					
관등	부참령 (副參領)	정부위 (正副尉)	1,2,3등 군사	1,2,3등 군의, 1,2,3등수의	정교	부참교	1,2,3등 계수 (計手)	1,2,3등 조호장 (調護長)	
인원	1명	1명	1명	각 1명	1명	3명	1명	1명	총 11명

1개 구대

직명	구대장	부(附)				
관등	정부위	부참위(副參尉)	정교	부참교	상등병	
인원	1명	1명	1명	3명	35명	총 41명

제3장 직무 부분에서는 제2조 헌병사령관은 군사경찰에 관해 '군부대신'
이 아닌 '사단장'에게 '보고'하는 것으로 바뀌었고, 헌병사령관에 '정령'이
임명된 경우에 관한 사항이 추가되었다. 또한 제4조의 '헌병중대장'과 제5
조의 '헌병소대장'이 각각 '헌병구대장'과 '헌병구대부'로 바뀌었다. 개정을
전후한 한국군 편제에 '사단'은 존재하지 않았기 때문에 앞서 언급한 일본
의 「헌병조례」 이식과 관련한 오류가 또 다시 반복된 것으로 볼 수 있다.
한편 제4장 보충 부분은 바뀐 곳이 없으며, 제5장 봉급 부분은 물가인상분
을 반영하여 각각 2원 50전씩 올려 수정하는 정도에 그쳤다.

그렇다면 하세가와를 비롯한 일본군 측은 왜 한국군의 다른 병과에 대해
서는 적극적인 감축을 꾀하면서도 헌병대의 조직은 오히려 확대시키려고
했을까. 헌병 본연의 군사경찰 역할에 주목했다기보다는 일반적으로 중무
장을 하지 않는 '비전투원' 취급인 헌병의 조직과 인원을 늘리고 보병, 기
병, 포병 등 전투병과를 줄여 한국군 전체의 외형적 규모는 유지하되 실질
적으로는 전력을 약화시키는 것이 목적이었을 것으로 추측된다. 즉 한국군
의 무력화를 위한 초석이었던 것이며, 이후 한국에 파견되는 일본군 헌병의
조직과 인원이 확대되자 결국 대한제국의 헌병은 1907년 8월 1일 일본이
강제적으로 실시한 군대해산으로 인해 해체되는 운명을 맞이하였다.[35]

5. 나가며

이상으로 일본 메이지 신정부와 대한제국의 헌병 설치 과정에 대해 검토
하고, 대한제국의 헌병제도가 일본의 것을 모델로 하여 만들어졌을 가능성

------

35) 한국에 파견된 일본군 헌병의 확장 과정에 대해서는 李升熙, 『韓國倂合と日本軍
    憲兵隊』, 新泉社, 2008 ; 松田利彦, 『日本の朝鮮植民地支配と警察: 1905~1945』,
    校倉書房, 2009 등 참조.

이 크다는 사실을 밝혔다. 여기서는 이를 간략히 정리하는 것으로 결론을 대신하고자 한다.

일본은 메이지유신 이래 연이은 사족의 반란과 자유민권운동 등으로 인한 군기의 문란으로 헌병을 도입하여 군기를 확립할 필요성이 대두되었고, 경찰 및 군제 개혁의 일환으로 헌병제도가 설치되기에 이르렀다. 일본의 헌병제도는 프랑스의 것을 모방하여 육군의 일부로 헌병을 설치하고 군사경찰과 함께 행정경찰 및 사법경찰이라고 하는 광범위한 경찰권을 부여하였다. 프랑스를 모범으로 삼은 이유는 유럽을 대표하는 헌병제도가 프랑스식이었기 때문이며, 메이지유신 이래 많은 신정부의 군인, 경찰, 사법 관료들이 프랑스에 시찰, 유학한 경험을 갖고 있었다는 점도 영향을 끼쳤다.

한편 한국은 갑오개혁 이후부터 대한제국 성립을 전후한 시기까지 근대적인 군제의 도입을 적극적으로 추진했지만, 초기에는 일본의 군제가 도입되었다가 아관파천 이후에는 러시아의 군제가 도입되는 등 짧은 기간 사이에 군제가 뒤바뀌는 혼란상이 나타났다. 이는 필연적으로 당시 심화되고 있던 군기 문란 양상에 박차를 가했고, 이러한 문제를 바로잡기 위해 육군참장 백성기에 의해 헌병 설치의 필요성이 제기되었던 것이다. 완성된 대한제국의 헌병제도는 일본이 만든 신조어인 '헌병'을 그대로 차용한 점이나, 반포된 대한제국의 「육군헌병조례」가 일본의 「헌병조례」 조문의 중요부분 및 구성, 한자용어들을 그대로 사용하고 있다는 점에서 일본의 것을 모범으로 삼았다는 점은 부정할 수 없다. 당시 일본은 동아시아 한자문화권에서 유일하게 헌병제도를 운용하고 있었기에 조속한 헌병제도 도입을 추진하던 대한제국에게는 일본 이외에 다른 선택의 여지가 없었을 것으로 사료된다. 프랑스의 헌병제도는 일본을 거쳐 대한제국으로 이식되었던 것이다.

<부록> 1898년 11월 29일 전문 개정 일본군 「헌병조례」
(칙령 제337호)

제1장 총칙

제1조 헌병은 육군대신의 관할에 속해 주로 군사경찰을 관장하고 겸하여 행정경찰, 사법경찰을 관장한다.

제2조 헌병은 그 직무의 집행에 따라 군사경찰에 관련된 것은 육군대신 및 해군대신, 행정경찰에 관련된 것은 내무대신, 사법경찰에 관련된 것은 사법대신의 지휘를 받는다. 대만 및 남만주(南滿洲)에서의 군사경찰, 행정경찰, 사법경찰에 관련된 것은 대만총독 혹은 관동도독(關東都督)의 지휘를 받는다.

제3조 헌병은 행정경찰, 사법경찰에 관련된 사건에 대해서는 경시총감, 홋카이도청(北海道廳) 장관, 부·현지사(府·縣知事)<도쿄부(東京府)지사는 제외>, 검사, 대만총독부청장, 동 법원검찰관, 관동도독부 민정서장 및 동 법원검찰관의 지시를 받는다.

헌병은 요새지대에 관한 법령의 시행에 대해서는 요새사령관 또는 그 직무를 행하는 관청, 군항요항규칙(軍港要港規則) 및 여순항규칙(旅順港規則)의 시행에 대해서는 진수부(鎭守府) 사령관 혹은 요항부(要港部) 사령관, 또는 진수부 사령장관 혹은 요항부 사령관의 직무를 행하는 관청의 지휘를 받는다.

헌병은 지방수비에 관한 군사경찰에 대해서는 대만에서는 대만수비대 사령관<사령관이 없는 지역에서는 수비대장>, 남만주에서는 사단장<사단장이 없는 지역에서는 그 지역에 주차(駐箚)하는 군대장>의 지시를 받는다.

제4조 헌병은 그 직무상에 관해 정당한 직권을 가진 자로부터 요구가 있을 때에는 즉시 이에 응해야 한다.

제5조 헌병은 아래에 기재한 경우가 아니면 병기를 사용할 수 없다.
 1. 폭행을 받을 때.
 2. 그 점수(占守)하는 토지 혹은 위탁받은 장소 또는 사람을 방위할 때 병력을 사용하는 외의 수단이 없을 때, 또는 병력을 사용하지 않고서는 저항에 이길 수 없을 때.

제2장 배치, 직원

제6조 도쿄에 헌병사령부를 두고 각 헌병대 관구에 1헌병대를 배치한다.

헌병대 관구는 별표에 의한다.

제7조 각 헌병대 본부는 사단사령부 소재지에 이를 둔다.

각 헌병대는 이를 분대로 나누며 그 배치 및 관구는 육군대신이 이를 정한다. 대만 및 남만주에서의 헌병대본부의 위치 및 분대의 배치 및 그 관구는 대만 총독부 및 관동도독이 이를 정한다.

제8조 (삭제)

제9조 (삭제)

제10조 헌병사령부에는 아래의 직원을 둔다.

헌병사령관, 헌병부관, 헌병하사

헌병대에는 아래의 직원을 둔다.

헌병대장, 헌병대부관, 헌병분대장, 헌병대 소속 사관, 헌병준사관, 하사, 상등병

헌병사령부 및 헌병대에는 경리부, 위생부 및 수의부 사관, 준사관, 하사, 판임문관 및 제철공장(蹄鐵工長)을 소속시킬 수 있다.

제11조 (삭제)

제12조 육군대신, 대만 및 관동도독은 필요할 때 일시적으로 헌병대의 일부를 그 관구 밖으로 파견할 수 있다.

제13조 (삭제)

제3장 직무

제14조 헌병사령관은 각 헌병대를 통할하고 사령부의 사무를 총리한다.

제15조 헌병사령관은 헌병대의 군기, 풍기, 훈련, 교육 및 직무 복행의 정도를 검열해야 한다.

제16조 헌병대장은 각 분대를 통할하고 그 근무방법을 지정하며 대의 사무를 총리한다.

제16조의 2 헌병부관은 사령관, 헌병부관은 헌병대장의 명을 받아 각 부내의 사무에 임한다.

제17조 헌병분대장은 부하를 지휘 감독하고 그 근무의 방법을 지정하며 분대의 사무를 처리한다.

제18조 헌병대 소속 사관은 대장의 명을 받아 근무에 임한다.

제19조 (삭제)

제20조 헌병의 복무에 관련한 규정은 각 주관대신이 이를 정한다. 단 대만에서는 대만총독, 남만주에서는 관동도독이 이를 정한다.

부칙

제21조 당분간 헌병대장, 부관, 분대장, 대 소속 사관, 헌병준사관 이하는 예비역, 후비역인 자로 충원할 수 있으며, 그 신분 취급은 소집중인 자와 같다.

제22조 (삭제)

제23조 본령은 메이지 31년(1898) 12월 1일부터 시행한다.

[참고문헌]

김혜영, 「갑오개혁 이후 군사법제도(軍司法制度)의 개혁－「육군징벌령」과 「육군
　　　법률」을 중심으로」, 『軍史』 89, 국방부 군사편찬연구소, 2013.

서인한, 『대한제국의 군사제도』, 혜안, 2000.

양상현, 「대한제국의 군제 개편과 군사 예산 운영」, 『역사와 경계』 61, 2006.

이성진, 「구한말의 호위제도 고찰」, 『한국경호경비학회지』 29, 한국경호경비학회,
　　　2009.

이승희, 「일본과 한국의 헌병제도 '도입' 과정을 둘러싼 문무관 대립 양상」, 『日本
　　　學硏究』 36, 檀國大學校 日本硏究所, 2012.

이승희. 「메이지(明治) 시기 프랑스 헌병제도의 일본 수용과정」, 『中央史論』 39,
　　　중앙사학연구소, 2014.

조재곤, 「대한제국기 군사정책과 군사기구의 운영」, 『역사와 현실』 19, 한국역사
　　　연구회, 1996.

車文燮, 「舊韓末 軍事制度의 變遷」, 『軍史』 5, 국방부 군사편찬연구소, 1982.

車文燮, 『朝鮮時代軍事關係硏究』, 단국대학교 출판부, 1996.

大日方純夫, 『日本近代國家の成立と警察』, 校倉書房, 1992.

松田利彦, 『日本の朝鮮植民地支配と警察: 1905~1945』, 校倉書房, 2009.

松下芳男, 『明治軍制史論』 上卷, 有斐閣, 1956.

全國憲友會聯合會 編 『日本憲兵正史』, 硏文書院, 1976.

田崎治久, 『日本之憲兵 正·續』, 三一書房, 復刻板, 1971.

田中隆二, 「渡正元の「漫遊日誌」について」, 『佛蘭西學硏究』 30, 日本佛學史
　　　學會, 2000.

井上毅傳記編纂委員會 編, 『井上毅傳』 史料編第1, 國學院大學圖書館, 1969.

中原英典, 「明治前期における備警兵構想について (上)」, 『警察硏究』 47-12,
　　　良書普及會, 1976.

佐久間健, 「明治前期における憲兵創設の經緯－藩閥政治との關聯から－ (上)/
　　　(下)」, 『早稻田政治公法硏究』 87/88, 2008.

「메이지 유신과 대한제국의 군제개혁」
- 일본 메이지 신정부와 대한제국의 헌병 설치 과정에 대한 비교를 중심으로

유지아 ∣ 원광대학교

이승희 선생님의 발표는 메이지유신을 통해 근대적 서구식 군제로 개혁한 일본이 대한제국의 군제개혁 특히 헌병의 설치에 끼친 영향에 대해 고찰하기 위하여 메이지 신정부의 헌병 창설 과정과 대한제국의 헌병제도 창설과정을 비교 분석하였습니다. 이승희 선생님께서는 헌병연구의 전문가로서 기존 연구 성과를 바탕으로 일본의 헌병은 메이지 신정부의 혼란 속에서 군기 확립와 경찰 견제, 그리고 재정적인 이점을 목적으로 군부와 사법부를 중심으로 프랑스의 '쟝다르메리'를 모델로 삼아 설치되었다는 것을 명확히 하였습니다. 사실 본 토론자는 근대시기 군제개혁에 대한 연구에 공부가 부족하여 이러한 사실에 대해 매우 많은 공부가 되었음을 밝히면서, 발표에 대한 감상과 몇가지 질문으로 토론을 대신하고자 합니다.

먼저 이번 발표에서는 일본에서 설치된 헌병 제도가 대한제국에 그대로 유입되는 상황과 과정을 분석하여 근대이후 양국간의 관련성을 밝히고자 하였습니다. 이런 과정을 보면서 전후 미국의 점령정책하에서이긴 하지만 한국군과 자위대의 창설과정의 유사성을 떠올리면서 역사의 연속성에 대해 다시 한번 생각하게 되었습니다. 여기에서 질문을 드리자면 발표자께서는 한국에서 갑오개혁을 전후하여 근대적인 군제가 도입되는 과정에서 초기에는 일본의 군제가 도입되었다가 아관파천 이후 다시 러시아 군제가 도입되는 등 짧은 기간 사이에 군제가 뒤바뀌었다고 전제하면서 이후 헌병제도가 도입되는 상황을 설명하고 계십니다. 그리고 대한제국에서 육군헌병조례(陸軍憲兵條例)가 반포된 것은 1900년 6월 30일 칙령 제23호라고 하시면서 일본의 1898년 11월 29일 전문개정판 「헌병조례」의 내용을 거의 그대로 가지고 왔다고 밝혔습니다. 그렇다면 이 시기에 대한제국의 군제는 다시 러시아에서 일본의 군제가 도입되는 것이라고 봐야 하는 것인지요? 대한제국 선포부터 아직 러일전쟁 전이기 때문에 아직은 대한제국에 대한 일본의 영향력이 크게 부각되지는 않는 시기일 것 같은데, 군제개혁에서 왜 일본의 군제를 다시 도입하고 있는지 그 이유나 배경에 대해서 설명을 해 주셨으면 합니다. 더불어 청일전쟁 이후 대한제국의 군제개혁과 관련하여 일본과 러시아의 관계를 설명해주셨으면 합니다.

　　그리고 러일전쟁 이후 하세가와를 비롯한 일본군 측은 한국군의 다른 병과에 대해서는 적극적인 감축을 꾀하면서도 헌병대의 조직은 오히려 확대시켰는데, 그 이유로 헌병 본연의 군사경찰 역할에 주목했다기보다는 중무장을 하지 않는 '비전투원'인 헌병의 조직과 인원을 늘리고 보병, 기병, 포병 등 전투병과를 줄여 한국군 전체의 외형적 규모는 유지하되 실질적으로는 전력을 약화시키는 것이 목적이었을 것으로 추측하고 있습니다. 여기에서 헌병과 일반 병사와의 차이에 대해 질문을 드리고자 합니다. 일본의 경우 헌병제도를 통해 보다 조직적인 사찰이 이루어졌기 때문에 헌병의 역할과 중요성이 있었다고 생각했는데, 일본 군대와 어떠한 차이가 있었는지 설명해 주셨으면 합니다. 헌병조례에서 헌병의 역할과 업무 및 소관에 대해서 규정을 하고는 있지만 실제로 일반 군대와의 차이를 어떻게 보아야 하는지에 대해 파악하기는 분명하지 못한 부분이 있는 것 같습니다.

 저의 토론은 이상이며, 일본헌병제도가 러일전쟁 전에 이미 대한제국 헌병제도에 도입되는 과정에 대해 공부하는 계기가 되었습니다. 감사합니다.

일본의 개항과 한일관계관의 변화과정

현명철 | 국민대학교

1. 머리말

변혁기 한일관계사를 살펴볼 때, 일본 막부의 개국이 직접 한일관계의 변화를 초래하지는 않았지만, 막부의 개국에서 메이지 정부의 성립에 이르는 시기, 개국과 양이를 둘러싼 논쟁과 막부와 서남웅번 사이의 정쟁을 통해서 한일관계관의 변화가 일본 내부에서 나타남은 주목된다. 즉, 도쿠가와 이에야스 이래의 조선과의 우호 관계가 '구폐(과거의 폐단)'라고 표현되는 것이다.

메이지 초기의 외교를 둘러싼 갈등은, 과거의 외교 관계를 '폐단'이라고 규정하고 이를 개혁하려하였던 메이지 정부의 쓰시마번과, 과거의 외교 관계를 '성신지교'라고 믿어 온 조선 동래부의 충돌이 그 핵심이었다. 그럼에도,

> 메이지 정부는 성립 후, 조선과 국교를 맺고자 서한을 보내었으나 사소한 자구에 연연한 조선의 외교 라인과 대원군의 쇄국정책, 그리고 훈도의 농간으로 접수되지 못하였다. 이로 말미암아 일본에서는 정한론(조선침략론)이 발생하였고, 결국은 운요호 사건을 계기로 힘에 의해 강화도 조약을 체결하여 조선을 개국의 길로 이끌었다.[1]

라는 잘못된 인식이 오늘날까지 유지되고 있음은 유감이다.

본 발표는 메이지 초기의 갈등을 교과서에서 보다 올바르게 기술하기 위해, 일본 내부에서 조선 후기의 우호적이었던 한일관계를 명백하게 '구폐'라고 표현하게 되는 역사적 과정과, 그 '구폐개혁'의 내용이 무엇이었는지를 복원함을 목적으로 한다. 이를 위해서 일본 개항사에 따른 한일관계관의 변화를 막번체제의 변동과정에서 살펴본다. 막부말기 정쟁 속에서 쓰시마번이 취하였던 태도와 한일관계에 대한 보고에 주목하여, 막부 말기의 일본 역사를 새로운 시각으로 살펴볼 것이다.

본 발표가 전환기 한일관계사를 새롭게 해석하고 조망하는 작업으로 발전할 수 있기를 소망한다.

2. 「메이지 이전의 조선관과 한일관계」

1) 임진왜란의 전후처리와 두 조선관[2]

막부의 개항을 전후하여 「대외팽창 의식」이 분출하게 되는 배경을 먼저 밝혀보고자 한다.

임진왜란의 결과 조선은 수많은 인명피해를 내었으며, 일본을 불구대천(不俱戴天)의 원수로 여기게 되었다. 이는 일본에서 새로이 등장한 도쿠가와

----

1) 여기에 대해서는 현명철 「한·일 역사교과서의 근대사 기술 분석」(『동북아역사논총 17』, 2007년)을 참고 바란다. 쟁점이 되는 것은, 일본 교과서에서는 이전의 외교관계를 무시하고 있는 점이 두드러진다. 우리 교과서에서는 일본과 쓰시마번을 명확히 구별하지 않고 있음이 주목된다.
2) 여기에 대해서는 「막말 유신기의 조선관」(김용덕 엮음, 『일본사의 변혁기를 본다』, 지식산업사, pp.167~199)에 상세하다.

[德川] 정권에게는 매우 불편한 현실이었고, 북방의 여진족을 막아야 하는 조선 정부로서도 힘겨운 일이었다. 한·일 양국 간 대화가 시작되었다. 양국이 화해를 하고 공존을 위해서는 임진왜란에 대한 전쟁책임을 묻는 전후처리(戰後處理)가 필요하였음은 말할 나위가 없다.

새로이 권력을 장악한 도쿠가와[德川]씨는 자신은 임진왜란에 참전하지 않았으며 임진왜란은 도요토미 히데요시[豊臣秀吉]가 일으킨 것이라고 전쟁 책임을 피하였다. 나아가 도쿠가와[德川]씨는 임진왜란을 일으킨 도요토미씨와 대립하고 있으므로 '적의 적은 동지'이므로 조선과 우호를 맺는데 장애가 없다고 설득하였다. 도쿠가와[德川] 정권은 임진왜란을 '의롭지 못한 전쟁(不義의 戰爭)'이라고 규정하고 임진왜란 시에 일본에 끌려간 조선사람(부로인)들을 송환하여 조선에 우호를 표시하였다. 나아가 쇄국을 내걸고 영주(다이묘)들에게 도항을 금지하는 명령을 내림으로 왜구의 위협을 없애 조선의 환심을 얻었다. 국교회복의 전제 조건으로 조선이 내걸었던 왕릉도굴범의 처단과 국서를 먼저 보내라는 요구도, 쓰시마 정벌(기해동정)을 겪은 바 있었고 전후 복수가 두려웠던 쓰시마번의 노력에 의해 이루어졌다. 일본이 국서를 보내왔기에 조선은 회답겸쇄환사(回答兼刷還使)를 파견하여 도쿠가와 막부의 진실성을 조사하였고, 이어 일본 열도가 완전히 도쿠가와(德川)씨의 지배하에 들어갔다고 판단되는 1636년 통신사란 이름으로 사절을 파견하여 정식으로 우호관계를 선포하였다. 이후 막부가 멸망할 때까지 막부 장군의 교체 시에 통신사를 파견하여 교린을 기본 원리로 하는 우호·친선의 평화적인 외교관계를 지속하였다. 따라서 근세(조선후기=도쿠가와 막부) 한일관계의 중심이 되었던 축은 적례(대등지례)를 바탕으로 하는 교린체제로 상정할 수 있으며, '근세한일관계'의 평화적이고 우호적인 성격은 강조되어도 좋겠다.

그러나 막번체제의 성격 상 막부의 교린정책이 일본 전역에서 지지를 얻은 것은 아니었다. 막부의 정치에서 소외된 서남부 지방 다이묘들은 히데요시(秀吉)의 후계자임을 자처하였고, 겉으로는 막부의 통제에 따라서 통신사를 환대하였으나 속으로는 막부의 대조선 외교 정책을 비판하였고, 임진왜란에서 활약하였던 선조들을 자랑스럽게 기억하였던 것이다. 예를 들어 사쓰마(薩摩)에서는 『조선정벌기(1659년)』, 『정한록(1671년)』, 『정한실기(1814년)』, 『정한무록(1856년)』 등을 출판하여 임진왜란 시 활약하였던 선조들에 대한 자부심을 드러내고 있었다. 서국 지방의 다이묘들 사이에 존재하였던 막부 외교에 대한 비판과 「대외팽창 의식」이 한일간 우호를 과시하던 에도 막부 시절 복류로 흐르고 있었음을 무시해서는 메이지유신 시기 '조선침략론'이 갑자기 발생하는 이유를 이해할 수 없을 것이다.

게다가 막부 내부에서도 국학의 발전에 따라『일본서기』의 진구[神功]왕후의 삼한정벌론의 확대되고 있었던 것도 함께 고려할 필요가 있다. 막부 말기에 들어서면서 일본의 국학자들은 일본 고전을 통해서 신국(神國) 일본의 모습을 찾아내고자 하였다. 그들은 고대에 일본의 신과 천황이 조선을 지배하고 조선의 왕과 귀족이 일본에 복속하였다고 인식하고자 하였던 것이다.

이상 우리는 임진왜란 이후 두 가지 조선관이 존재하였음을 이해할 수 있다. 하나는 임진왜란의 전후처리를 통해 외교적 표면에 나타난 적례(대등지례)를 기반으로 한 교린 사상이며, 또 하나는 막부에 의해 억압되어 복류로 존재하였던 히데요시의 꿈을 잇는 팽창주의 사상에서 나타나는 조선관이라 할 수 있다. 막부의 개항은 이 복류로 존재하였던 대외팽창사상이 분출하는 계기가 되었다.

2) 조선 후기 한일관계의 특징
- 쓰시마에 대한 기미정책과 막부와의 교린정책 -

조선과의 우호관계가 '폐단'이며 '일본의 치욕'이라고 규정되었던 실상을 알기 위해서 우리는 조선 후기 한일관계의 특징을 살펴볼 필요가 있다.

조선후기 한일관계의 특징은 쓰시마[對馬]번을 매개로 한 외교 관계였다. 이는 당시 일본이 봉건 영주들이 힘을 가지고 있었던 봉건체제이기 때문에 나타난 현상이기도하다. 조선은 임진왜란 후, 강화교섭을 행하면서부터 막부와의 통교 창구를 쓰시마 도주에게 위임하여 쓰시마를 매개로 하는 한·일 외교 관계를 구축하고자 하였다. 도쿠가와 막부와 우호를 선언하기 전인 1609년, 조선 정부는 미리 쓰시마[對馬] 번주와 기유약조를 맺었다. 조선 정부는 쓰시마 도주에게 도장을 만들어 주었는데 이를 '도서(圖書)'라고 불렀다.

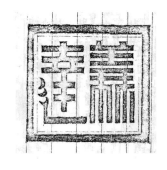

조선이 대마주태수 宗義達에게
준 도서

이 도서를 날인하여 쓰시마는 노인(路引 - 쓰시마에서는 이를 吹噓라고 불렀다)을 발급하면 이 노인은 도항을 증명하는 증명서로 간주되었다.

훗날 도서문제의 발생을 평가하기 위해 이를 나가사키[長崎]의 무역과 비교해 보자. 나가사키에는 중국의 상선이 입항하고 있었는데, 중국의 상선은 신패(信牌)를 가지고 있어야만 입항할 수 있었다. 이 신패는 무역을 통제하고 치안을 유지하기 위해 발행하는 것이었다. 나가사키 부교소[奉行所]에서 내려준 도장을 감합인으로 사용하였지만, 발행 주체는 나가사키에 있는 당통사라 불리는 중국 무역상의 대표자였다. 이는 일본이 중국 내륙의 상인들을 지배한다는 오해를 미연에 방지하기 위한 방법이었다. 즉 상인들의 자율 규제로 자리매김하면서 무역을 통제하는 외교적 방법이었다.

동래부나 부산진이 왜관에 입항하는 선박들에게 노인(路引)을 직접 발급하지 않고 쓰시마 도주에게 도장을 주어 발급권을 준 것도 외교적 분쟁을 피하고자 한 동아시아 외교 의례에 따른 것으로 이해된다. 당시 동아시아 외교 의례를 이해할 필요가 있다. 훗날 쓰시마 영주가 이 도서(圖書)를 사용하여 노인을 발급하는 것이 「일본의 치욕」이므로 메이지 정부가 지급한 도장을 사용하겠다고 고집하게 되는 것은 다음에 설명할 것이다.

쓰시마 번주는 이 도장을 날인하여 조선에 도항할 수 있는 노인(路引)을 발급할 수 있었고, 접대소인 왜관을 독점적으로 사용하게 되었다. 조선 조정은 쓰시마에 도항 독점권을 줌으로써 다른 다이묘들의 입항을 막을 수 있었고, 전쟁의 위협을 감소시킬 수 있었다. 반면 임진왜란 때에 선봉이 되어 조선을 침략하였던 쓰시마는 조선의 관문을 지키는 역할을 자임함으로써 조선의 복수를 염려하지 않아도 되었다. 쓰시마인들은 8송사선(세견선)을 보내어 공무역을 행하였다. 세견선은 서계와 진상품을 가지고 와서 조선의 예조에 올리고, 그 대신 접대를 받고 답서와 하사품을 받아 귀국하는 형식을 취하였다. 규정에 정해진 진상품과 하사품을 통한 공무역이었고, 조공무역의 형식을 취한 것이다. 공무역의 핵심은 조선 공목(옷감)과 일본 구리의 교환이었다.

쓰시마는 한일 양국의 우호에 따라 조공무역의 형태로 두 나라 사이의 외교와 무역을 독점하는 권리를 확보하게 되었다. 조선 후기 한일관계를 막부에 대한 '교린외교'와 쓰시마에 대한 '기미정책'이라는 이중적 요소로 파악하는 연구가 존재하는 이유도 이러한 외교 시스템에 기인하며, 이를 '양속관계' 혹은 '이중구조에 의한 외교'라고도 부르는 연유도 여기에 있다. 쓰시마 영주는 조선국왕을 대할 때, 막부 장군을 대하는 예로 대하였으며, 쓰시마의 무사들은 동래부사를 대할 때에 쓰시마의 영주를 대하는 예로 행하는 것이다. 쓰시마의 사절들이 왜관에 도착하면 곧바로 객사로 나아가 전패에 예를 올리는 것은 우호의 상징이었다. 이는 통신사절이 막부 장군을 조선 국왕을 대하는 예로 알현하였던 것과 같은 이유였다.

도쿠가와막부는 조선과의 우호관계를 유지하기 위해 이러한 조건을 받아들였다. 쓰시마에 모든 외교권을 위임하여 조선과의 외교·무역을 쓰시마의 지행(知行 - 영주의 영토인정)으로 인정한 것은 지방정권이 상당한 주권을 발휘할 수 있었던 막번체제이기 때문에 가능한 일이지만 한편으로는 쓰시마 통제에 자신감을 보여주는 의미도 있다고 판단된다.

수업 중 학생들이 "왜 일본은 임진왜란을 일으켜 조선 사람들을 괴롭혔는데 조선은 통신사를 파견하여 문물을 전해주었는가"라고 질문을 한다. 통신사를 선진 문물의 전파 사절로만 자리매김하였기 때문에 나타난 의문이라고 판단된다.

과연 통신사의 역할은 무엇이었을까. 통신사의 주요한 역할은 조선에 우호적인 도쿠가와[德川] 정권을 지지하여 국제적 위상을 부여함으로 지방 영주(다이묘)들을 통제하는 데 도움을 주는 일, 즉 일본 열도에 친조선 정권을 유지시키는 것이 첫 번째였다. 일본에서 정권이 바뀌거나 혼란이 일어나면 다시 전란이 발생할 우려가 있다고 조선 조정은 판단하였던 것이다. 앞에서 설명하였듯 일본에서는 두 조선관이 존재할 수 있기 때문에 우호적인 세력을 지원하는 것은 당연한 외교적 정책이다. 두 번째는 일본에 대한 정보를 획득하는 것이었다. 통신사는 각 방면에 우수한 사람들을 동행시켜서 일본의 정치, 경제, 군사, 학문, 예술 각 방면의 정보를 획득하였다. 통신사는 쓰시마[對馬] - 시모노세키[下關] - 세도나이카이[瀨戶內海] - 오사카[大阪] - 교토[京都] - 에도[江戶]에 이르는 일본의 중요한 지점을 시찰하면서 경제적·군사적 상황을 비롯하여 문화 예술에 이르기까지 상세한 조사와 분석을 행하였다. 물론 다시금 전쟁이 발발할 가능성에 대한 군사적 정보가 우선적이었음은 당연하다. 도쿠가와막부는 재침 야욕이 없다는 증거를 보여주기 위해서, 통신사를 초청하고 많은 부분에서 정보를 공개하였으며 접대하였다. 이는 전쟁의 피해자인 조선을 배려하고 신뢰를 재구축하기 위해서였다. 세

번째가 문물의 전파였다. 조선은 성리학을 발전된 정치이며 문물로 인식하
여 일본에 성리학이 발전하기를 바랐다. 이는 무력을 앞세운 통치가 아니라
왕도정치로 일본이 변화하기를 원하였던 것이다. 반면에 일본으로부터 문
물을 받아들이려고 노력하지는 않았다. 무력에 의한 패도정치로 인식하였
기 때문이다. 이러한 편견으로 통신사 일행은 오사카나 에도에서 문물의 융
성함과 상업의 발전을 목격하였음에도 불구하고 바람직하지 못하다고 폄하
하였다. 성리학적 왕도 도덕정치를 추구하고 물질문명보다 정신문명을 우
선시 하였던 조선의 선비들을 이해해야 된다. 참고로 이러한 인식은 1876년
제1차 수신사의 기록이나 1880년의 제2차 수신사의 기록에서도 유지된다.
일본의 물질문명을 받아들여 근대화에 힘을 기울여야 한다는 인식은 1881
년 조사시찰단의 보고에서 처음으로 나타난다.

  통신사 일행은 에도까지 올라가 쇼군을 조선 국왕과 같은 예우로 알현하
였다. 이는 도쿠가와 정권이 국제적으로도 인정받은 정권임을 대내외적으
로 선언하는 효과를 주었다. 통신사 일행이 막부 쇼군을 조선 국왕과 같은
예우로 알현하는 것은, 적례(대등지례)를 과시한 것이며 우호를 상징하는 일
이었다. 쓰시마 영주가 조선국왕을 대할 때, 막부 장군을 대하는 예로 행하
고, 쓰시마의 무사들은 동래부사를 대할 때에 쓰시마의 영주를 대하는 예로
행하는 것이 당시의 예법이었고 우호관계의 상징이었다고 생각된다. 훗날
조선이 쓰시마를 신하처럼 취급한 것이 「일본의 치욕」이라고 선전하고 조
선을 정벌해야 한다는 적개심을 드러내게 되는 것은 전통적 외교 의례에 대
한 몰이해 혹은 의도적인 무시에서 초래된 것이라고 생각한다.

  에도 막부는 막대한 비용이 드는 통신사 일행을 초청함으로써 지방 정권
을 통제하는 수단으로 활용하였다. 통신사의 파견은 오로지 일본의 요청에
의해서 이루어졌다. 조선이 스스로 통신사를 파견한 적은 없었다. 그 이유
는 일본이 스스로 사절을 파견하지 못하게 하려는 외교적 전술이었다. 조선
은 일본 사절을 요청하지 않기로 결정하였다. 이는 임진왜란 이후 어려웠던

조선 내부의 상황을 일본에 알리고 싶지 않다는 강력한 의지였고, 재침(再侵)을 막으려는 조치이기도 하였다. 또한 일본이 통신사를 접대하는 것 같은 접대를 할 수 없었던 경제적 요인도 있었다. 막부도 이를 알고 있었기에 막부의 관리를 직접 파견한 적은 없었고, 쓰시마[對馬]藩을 통해서 모든 연락(이를 통신이라고 하였다)을 주고받았다. 이는 재침 야욕이 없다는 증거를 보여주기 위한 것으로 전쟁의 피해자인 조선을 배려하고 신뢰를 재구축하기 위한 가해자의 양보로도 이해할 수 있다. 또 한편으로는 일본이 무력적 강자임을 인식하고 있는 의미도 있었다. 「문(文)의 나라 조선」과 「무(武)의 나라 일본」이라는 표현도 일본이 강자임을 인정한 상태에서 조선 학문이 뛰어나다는 배려에 불과한 표현으로 보인다. 아마 '작고 약하지만 똑똑한 (공부 잘하는) 내 친구' 정도로 인식하였다고 보면 큰 오류가 없을 것이다. 일방통행의 사절 파견이었다.

쓰시마에서 오는 사절은 부산에 왜관을 설치하고, 왜관 내에 객사와 연대청을 설치하여 조선 국왕에 대한 숙배와 연향을 모두 처리할 수 있도록 조치하였다. 접대의 책임자는 훈도였으며 담당 지방관은 동래부사와 부산첨사였다. 경접위관으로 홍문관 교리가 파견되기도 하였으므로, 막부의 고위관리를 맞이할 시스템은 아니었다. 쓰시마의 사절은 왜관을 벗어날 수 없었다.

〈왜관 복원도〉

2. 막부의 개항과 쓰시마

1) 막부의 개항과 「대외팽창론」의 대두

이제 우리는 임진왜란 이후 맺어진 우호관계를 무시하고 등장하는 '조선 침략론'에 대해 살펴보도록 해야 되겠다. 오랜 우호관계를 무시하는 '조선 침략론'은 언제 왜 발생하는 것일까.

1853년 미함대사령관 페리가 우라가[浦賀]에 도착하여 미일수호조약을 요청한 이후, 막부는 수호조약을 맺는 것에 대한 찬반 의견을 다이묘들에게 물었다. 이에 따라서 개항에 대한 다양한 의견이 등장하였고, 도쿠가와[德 川] 막부 성립 이래 논의조차 금지되었던 해외로의 진출 - 대외팽창론이 분 출되었다. 막부의 쇄국정책과 친조선 교린 외교 정책에 의해 억눌렸던 대외 팽창 사상이 개항이라는 시대의 변화에 따라 등장한 것으로 이해된다.

막부의 쇄국외교에 대한 비판의식과 히데요시의 대외침략에 대한 찬양의 식은 막부에 억눌려 있었던 서남웅번의 성장으로 공공연히 논의되었고, 국학의 발전과 함께 일본 중심적 황국사관으로 성장하였다. 페리의 내항과 막부의 질의에 대답하여 일부 사상가들이 국가를 지키기 위해서는 쇄국은 타당하지 않으며, 오히려 조선과 만주를 경략해야 한다고 「대외팽창론」을 주장하였다. 이는 임진왜란을 '의롭지 못한 전쟁'이라고 규정하고 대외 팽창을 거부하고 쇄국을 국법으로 삼았던 시대가 점차 종언을 고하고 있음을 알게 한다.

막부 말기 존왕사상가로 「조선침략론」에 가장 영향을 준 사람은 요시다 쇼인이다. 그는 어려서 병학과 포술을 배운 뒤, 에도로 나아가 사쿠마쇼잔(佐久間象山)에게서 양학(洋學)을 배웠다. 1850년대 중반 개항장인 우라가[浦賀], 나가사키[長崎], 시모다[下田] 등을 견문하여 서양의 힘을 통감하고 부국강병과 해외침략론을 주장하였다. 그는 1854년 쇄국의 국금을 어기고 시모다에 입항하고 있었던 미국 함선을 타고 밀항하려다가 투옥되었다. 그가 옥중에서 쓴 『유수록(幽囚錄)』에는,

> 해는 떠오르지 않으면 기울고, 달은 차지 않으면 기울 듯이 국가는 번영하지 않으면 쇠퇴한다. 따라서 국가를 잘 지키는 사람은 지금의 영토를 잃어버리지 않도록 할 뿐만 아니라 없는 영토를 늘려야 한다. 지금 시급히 무비(武備)를 닦아 군함과 대포를 만들어 이 계획이 달성되면 즉각 에조(북해도)를 개척하여 제후에게 봉건하고 틈을 보아 캄차카, 오오츠크를 빼앗고 류큐를 타일러 제후로 만들고, 조선을 다그쳐 인질을 보내게 하고 옛 성사와 같이 조공하게 한다. 북으로는 만주 땅을 할양하고 남으로는 타이완, 필리핀의 여러 섬을 공격하여 점차 진취의 기세를 보여야 한다.[3]

라고 강조하였다.

이때의 논리의 핵심은 강력한 서양에 맞서지 말고 그들을 따르면서 그

----

3) 奈良本辰也, 『吉田松蔭著作集』, 講談社, 2013년, 158쪽.

사이에 힘을 길러 아시아의 여러 나라들을 수중에 넣음으로써 서구 열강에게 빼앗긴 이익을 회복한다는 논리였다. 이러한 논리는 단지 조선에 대한 침략론이 아니고, 만주, 사할린, 캄차카, 타이완, 조선에 이르기까지 국위를 빛내는 정복국가로 의식 전환을 촉구하는 사상이라고 말할 수 있다.

이러한 사상은 그동안 '의롭지 못한 전쟁(不義之擧)'이라고 평가하였던 도요토미히데요시[豐臣秀吉]의 조선침략을 신공왕후 전설과 어울려 일본의 국위를 빛낸 일로 찬양하는 역사의식을 만들어 내었고, 막부의 쇄국정책을 비판하는 기능을 하였다. 국내적으로는 '대외팽창'을 구실로 군비를 갖추어 막부와 대결하고 그동안 소외되었던 막번정치에서 자기 목소리를 내고자 한 것이기도 하였다. 이 견해는 이후 전개되는 조선침략론의 원형이 된다.

그런데 흥미로운 점은 이 논의에서 기존 한·일간의 우호관계나 쓰시마에 대한 배려는 찾을 수 없다. 조선과 막부가 오랫동안 외교 관계를 지속해 온 역사도 관심 밖이다. 그들에게는 조선과의 외교는 막부와 쓰시마의 독점이었기 때문에 자신들과는 관계가 없는 일이었던 것이고, 막부의 외교는 비판의 대상일 뿐이었다. 그들에게는 임진왜란시의 풍신수길의 대외팽창의 기억만이 중시되었던 것이다. 이점이 당시 「대외팽창론」의 중요한 성격이었다. 비록 막부와 쓰시마가 연결된 한일관계의 핵심부의 의견은 아니었지만, (지방방송으로서) 이 사상의 대두와 확산은 임진왜란 전후처리 합의(조선후기 우호적 한일관계의 기반)가 붕괴되기 시작하고 있음을 보여준다고 자리매김 할 수 있다.

2) 막부의 개항과 쓰시마

막부의 개항과 더불어 「대외팽창론」이 여론으로 발생하였음은 살펴보았다. 물론 막부 시절에도 대외팽창 사상이 전혀 없었던 것은 아니지만 쇄국이라는 국법으로 인해 여론화되지는 않았다. 이제 시대가 변함에 따라 여론으로 형성되고 있다는 점에서 주목하지 않을 수 없음을 부각시켰다. 그리고 이 「대외팽창론」은 막부가 유지해 온 한·일간의 우호관계나 쓰시마에 대한 배려가 없었던 것도 언급하였다. 이 논리에는 '대외팽창'을 구실로 군비를 갖추어 막부와 대결하고 자기의 존재를 드러내고자 하였던 서남웅번의 포부가 담겨 있었던 것이다. 점차 일본 열도는 분열의 시대로 접어든다.

이제 우리는 막부의 개항이 한일 양국의 가교(架橋)였던 쓰시마번에 어떠한 영향을 주었을까를 추적해야 되겠다. 에도 막부 시절, 쇄국 정책으로 인하여 일본과 관계를 맺은 나라는 청나라와 네덜란드 그리고 조선과 유구왕국 뿐이었다. 청과 네덜란드는 상인들을 통한 무역만을 인정하고 있었으며 이를 '통상지국(通商之國)'이라고 불렀으며, 외교적 관계를 맺는 나라는 조선과 유구왕국으로 이를 '통신지국(通信之國)'이라고 불렀다. 그런데 유구왕국은 사쓰마[薩摩]의 지배하에 있었으므로 실질적으로 통신을 하는 나라는 조선뿐이었다. 그래서 쓰시마[對馬]는 자신만이 유일한 외교 창구이며 외교 전문가라고 자임해 온 것이다.

개항 후, 막부에서 외국봉행(外國奉行)이 임명되어 외교 사무를 관장하게 되면서, 외교 전문가를 자처하던 쓰시마[對馬] 영주의 막부 내에서의 위상은 크게 저하할 수밖에 없었다. 무엇보다 개항장을 통하여 값싼 외국 면제품이 들어오게 되자 조선과의 중계무역을 통해 독점적 판매망을 구축하였던 쓰시마[對馬]의 상업망 역시 큰 타격을 받게 되었으며 이윤이 급감하였다. 조선과의 공무역이 주로 조선의 공목을 수입하고 구리를 수출하는 것이었는데,[4] 서양의 목면이 개항장을 통해 수입되면서 이윤이 급감할 수밖에 없었던 것이다. 실지 영토는 협소하면서도 10만석 가격(家格)의 영주임을

---

4) 원래 공무역은 목면 1121동 44필이었으나, 1651년 400동을 쌀로 달라고 해서 공목 721동 44필과 공작미 16000석이 되었다. 1801년 새로운 약조로 56동이 줄었고, 공작미도 1필당 10두로 계산하게 되어서 어서 이때에는 공목 665동 44필, 공작미 13333석5두가 공무역가였다. 한편 진상으로는 구리 34788근이 공무역가이다.

자부하고 그에 어울리는 무사단을 유지하였던 쓰시마는 실질적으로 파산상태에 몰리게 되었다.

일본의 개국은 순탄하지 않았다. 우선 일본 조정이 조약에 대한 칙허를 거부하면서 조정과 막부의 대립이 표면화되고 막부의 권위가 실추하였다. 또한 막부 장군의 후계를 둘러싸고 이에모치[家茂]를 옹립하려는 기이파와 요시노부[慶喜]를 옹립하려는 히도쓰바시파의 대립, 1859년 안정의 대옥, 등을 거치면서 막부 내부의 결속력이 약해졌다. 1860년에는 강경책으로 난국을 극복하려고 하였던 大老 이이나오스케[井伊直弼]가 살해당하였다(櫻田門外の変). 이로 말미암아 막부의 중심이었던 미토[水戸]와 히코네[彦根] 관계가 악화되었고, 이전 장군 후계문제로 발생하였던 대립에 더 큰 상처를 주어, 막부 주도 정치의 안정성이 크게 훼손되었다. 막부의 분열은 공공연한 일이 되었고, 이에 따라서 서국의 영주(다이묘)들의 발언권이 강해지게 되었다. 조정의 칙허를 받지 않고 개항조약을 맺은 막부를 비판하는 여론은 강해졌으며, 막부는 외롭게 개항 정책을 추진하였다.

1861년 초슈[長州]는 '항해원략책'을 제안하여 막부의 개항을 지지하고 중앙정치에 개입하였다. 도자마[外様]번이 막부 정치에 개입하는 것은 금지되어 있었지만, 당시 고립되어 있었던 막부로서는 초슈가 조정에 개국을 권하여 칙허를 요청해 주는 것은 고마운 일이었기에 이를 받아들였다. 물론 초슈가 막부를 돕고자 하는 의식은 별로 없었고 오히려 막부와 대립할 수 있을 정도의 군비를 확보하기 위한 수단이었다는 이해가 일반적이다.[5] 이 항해 원략책은 앞에서 살펴본 「대외팽창론」이 발전한 것이었음은 물론이다. 이로 말미암아 초슈[長州]는 요코하마에서 증기선을 구입하고 국내무역을 확대할 수 있었다.

초슈[長州] 영주와 친척이기도 하고 거리상으로도 가까웠던 쓰시마는 막

....

5) 井上勝生, 『막말·유신』 岩波新書 1042, 2007년 제9刷.

부의 개항정책과 초슈의 「항해원략책」, 그리고 조선무역 이윤의 급감이라
는 태풍에 직면하여 생존의 방법을 고민하게 된다.

3) 쓰시마[對馬]의 이봉[移封]운동과 막부의 외교 일원화 정책

막부의 개항정책과 초슈의 「항해원략책」, 그리고 조선무역 이윤의 급감
이라는 태풍에 직면하여, 한일 양국의 가교(架橋)였던 쓰시마번은 어떠한 활
동을 전개하였는가. 가장 먼저 주목되는 것은 1861년 쓰시마가 쓰시마 개항
을 전제로 쓰시마 전토를 막부가 수용하고 쓰시마에는 큐슈 10만석의 땅을
달라는 이봉운동을 전개하였던 사건이다.[6] 이 사건을 한일관계사의 측면에
서 살펴보자.

제2차 아편전쟁 후 연해주를 획득한 러시아는, 1861년 군함 포사드닉호
를 파견하여 브라디보스톡 항구에서 동해를 남하하여 청국의 개항장에 이
르는 해로를 모색하도록 하였다. 포사드닉호는 동해안을 남하하다가 대마
도에 선박 수리를 핑계로 아소만 우자키에 정박하여, 쓰시마의 영주(다이묘
-宗義和)에게 은밀하게 군함 정박지를 요구하였다. 이를 포사드닉호 사건이
라고 부른다.

이에 대해 쓰시마 영주(宗義和)는 막부의 개항정책 하에서 쓰시마에 개항
장이 생길 것이라 예상하고 대책 마련에 골몰하게 되었다. 치열한 논의 끝
에 개항장 일부의 토지 수용에는 끝까지 반대하고 적극적으로 쓰시마 全島
를 수용해 주도록 막부에 요청하자는 안이 채택되었다. 대마도 전부를 막부
가 수용하는 대가로 큐슈(九州)에 십만 석에 해당하는 영지를 얻자는 것이

....

6) 여기에 대해서는 현명철 「제1장 1861년 대마주의 이봉 청원 운동」(『19세기 후반의
   대마주와 한일관계』국학자료원, 2003년, pp23~60) 참고.

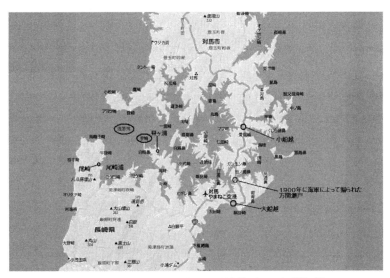

〈러시아 함대가 정박하였던 아소만(淺茅灣) 우자키(芋崎)〉

었다. 이를 '이봉(移封-영지를 바꾸는 것) 운동'이라고 부른다. 조선과의 외교를 담당하고 있었던 쓰시마가 땅을 바꾸어 달라는 것은, 막부에 외교권을 반납하겠다는 의미도 된다. 따라서 쓰시마의 이봉 운동은 일본 열도의 주목을 받게 되었다.

쓰시마의 계산법은 하코다테 개항시 막부가 마쓰마에[松前] 영주에게 하코다테 9천석의 땅을 수용하는 대신 오우[奧羽]의 땅 3만석과 금 18,000량을 더 주었던 것을 전례로 삼은 계산법이었다. 쓰시마는 막부의 개항정책 하에서 포사드닉호 정박과 정박지 요구라는 새로운 상황을 활용하여 재정을 확보하여 웅번으로 성장할 기회로 삼고자 하였음이 사료에서 확인된다. 1861년 3월 쓰시마 다이묘 소요시요리[宗義和]는 가로 니이마고이치로[仁位孫一郎]를 에도에 파견하여 이봉운동을 전개하도록 하였다. 그에게 전달한 지시서는 다음과 같다.

3월 28일　　　　　니이마고이치로[仁位孫一郎]

위 사람은 에도(江戶)로 파견 명령을 받아 오늘 승선하므로 다음과 같은 뜻의 지침서를 준다. 그 과정의 상세는 일기에 기록한다.

一, 일찍이 영국인이 대마도를 조차(租借)하고자 막부에 알리어 이미 막부 老中들 사이에서는 그들의 뜻에 따르고자 하는 마음도 있었다는 소문이 있었는데, 이번에 러시아 함장으로부터 비밀리에 들은 바에 의하면, 영국군이 군함을 다수 보내어 쓰시마를 뺏을 계획이라고 한다. (중략) 그들이 오게 되면, 아마도 막부는 그들의 바람대로 아소만(淺茅灣)을 정박지로 빌려 주겠다고 대답할 것이고, 그렇다면, 아소만(淺茅灣)의 16개 마을을 막부가 수용하고 큐슈[九州]등지의 땅을 보상으로 우리에게 주겠다고 할 것이다. 이리되면 대마도에는 외국인이 들어와 여러 가지 사건이 발생하게 되고, 우리로서는 결코 감당할 수 없다.

그러므로 대마도 아소만이 개항되는 경우에는 대마도 전체를 막부가 직할로 수용하도록 주장하고, 보상으로는 큐슈[九州]에 막부 영지가 20만석이나 있으니까 그중 10만석의 땅을 대신 달라고 하자. 위 보상의 크기는 과다하게 보일지 몰라도, 최근 마츠마에[松前] 영주가 북해도의 9천석의 땅을 막부에 수용당하는 대신에 오우[奧羽]의 땅 3만석 외에 금 18000량을 더 받은 것을 보면, 우리가 십만석을 달라고 해서 결코 과다하다고는 할 수 없다. (중략). 어쨌든 위처럼 10만석의 영지를 받게 되면, 다시로[田代]·이토[怡土]·마쓰라[松浦]의 땅 약3만석, 금장(金藏-탄광)을 명목으로 막부로 부터 받는 금액 4만석 정도, 또 조선과의 관계도 다른 영주들이 담당할 수는 없으므로 조선 무역 이익으로 삼만석 등, 전부 합하면 20만석 내외의 신분이 되니, 오히려 행복이라고 말해야 할 것이 아닌가.

대마도는 나가사키[長崎], 하코다테[函館], 가나가와[神奈川] 등의 예처럼 큐슈[九州] 여러 영주들이 공동으로 경비하게 하도록 막부에 상신하자. 그러면 우리도 그 경비에 가담하게 될 터이고 또 선조들의 무덤도 있으므로, 대마 팔향(八鄕) 중 1향(鄕)은 우리에게 남게 될 것이다. 그리고 부내(지금의 嚴原:이즈하라)는 여러 대에 걸쳐서 경영해 온 곳이므로 우리의 소유가 되도록 노력할 방법이 있을 것이다. 또 조선과의 통신의 임무를 (계속하여) 갖게 되면, 양 관소(關所-사스나[佐須奈], 와니우라[鰐浦])도 우리에게 내려올 지도 모른다. 이야말로 <u>수백 년 동안의 소망이 이루어 질 기회</u>라고 말할 수 있지 않은가.

(중략). 부디 이러한 뜻을 잘 상신하여 어떻게든 대마도의 토지를 막부가 수용하고, 九州내의 땅으로 移封해 주도록 하라. 대마도는 (九州 영주들이) 공동으로 경비하는 장소가 되도록 상신하는 외에는 방법이 없다. 여기에 이르러서는 막부에 상신(上申)을 하는 책임자들의 역할이 매우 중요한 것이니, 對馬州 일치의 정신으로 막부를 관통시켜, 우리가 구차하게 말하지 않아도 자연스럽게 계획대로 이루어지도록 조치하여 그 지반을 단단히 굳히도록 하라.[7]

쓰시마 이봉운동의 내용을 잘 보여주는 사료이다. 밑줄 친 '수백 년 동안의 소망'이란 큐슈지역에 안정된 토지를 얻는 것이었다. 이 지시를 받고 에도에 입성한 쓰시마 무사들은 활발하게 활동하였다. 특히 각 번의 에도 저택을 순회하면서 주선을 요청하고 만일 막부가 들어주지 않는다면 러시아 함대와 전쟁을 벌이겠다는 엄포도 마다하지 않았다. 특히 오후나고시[大船越]에서 충돌사건이 일어난 것은 좋은 구실이 되었다. "막부의 개항정책으로 인해 러시아 함대가 쓰시마 영지에 정박한 것이며 충돌로 인명사고가 났으므로, 무사들의 분노가 걷잡을 수 없게 되었다. 이를 해결하는 방법은 대마도 전토를 막부가 수용하는 것뿐"이라는 주장이었다. 막부가 빨리 결단하지 않으면 쓰시마는 승패를 고려하지 않고 전쟁으로 돌입할 수밖에 없다고까지 막부를 압박하였다. 막부의 지시를 받지 않고 일개 영주가 전쟁을 일으킨다는 것은 막부의 권위를 심하게 훼손하는 일이 될 것이었다. 점차 이봉운동은 과격하게 변하였다. 쓰시마가 내세운 전쟁의 위험은 막부를 압박하고 있었던 반막부 양이 운동의 구실이 되었다.

막부는 이러한 양이운동의 구실을 차단하여야 했다. 또한 막부의 입장에서도 개항을 단행한 후, 외국봉행이 외국과의 사무를 담당하게 되었으므로, 앞으로는 조선과의 외교도 외국봉행이 담당해야 한다는 의견이 대두되었다. 외교 일원화 필요성이 제기된 것이다. 막부는 쓰시마의 이봉운동을 접하고

---

7) 『對州藩文書』3월 28일 조.

이 기회에 조선과의 외교 무역도 막부가 장악하는 방안을 생각하였고 초슈[長州]의 항해원략책을 받아들인 막부 군함봉행 카츠카이슈[勝海州]도 비슷한 견해를 제출하였다. 또한 조정이 악착같이 반대하는 효고[兵庫]항 개항 대신에 쓰시마 개항을 서양에 제안하는 방안도 고려되어 외교적 접촉도 진전시켰다. 이런 논의를 거쳐서 막부노중 안도노부마사[安藤信正]는 쓰시마의 이봉을 내허[內許]하기에 이른다. 내허를 받고 쓰시마 영주는 이봉원서를 제출한다. 막부는 대마도 수용을 위한 조사단을 파견하였다. 막부의 조사단이 파견된 후, 쓰시마의 이봉을 막부가 수용한 과정과 이유를 둘러싸고 많은 이야기가 퍼져나갔으며, 아울러 기존의 조선과의 외교 관계에 대한 관심과 비판 여론이 성장하게 되었다.

쓰시마 수용을 위한 조사단 활동이 마무리될 무렵인 1862년 1월, 막부 노중 안도[安藤]가 피습당하여 실각한다. 이를 사카시타문 밖의 변[坂下門外の変]이라고 한다. 노중 安藤의 공무합체 운동에 대해 격분한 양이파 지사들이 1862년 2월(음력 1월 15일) 그를 습격한 것이었다. 이로 말미암아 安藤은 4월 해임된다. 막부의 권위는 더욱 크게 흔들리게 되었다. 대마도 조사를 마치고 귀환한 막부 관리의 보고에도

> 만일, 쇄항을 단행하게 될 경우도 생각하여야 될 것입니다. 그렇다면 (대마도의) 전토 이봉은 연기하고(중략), 몇 촌락만을 수용하여 각국 군함 정박장으로 허가하여(중략), 대략 시모다[下田]를 개항했을 때에 준하여야 할 것입니다.[8]

라고 대마도 전토 이봉에 부정적인 의견을 결론적으로 내리고 있다. 이 논리는 쇄항의 가능성을 고려한 토지 일부수용안이라고 말할 수 있다. 그 배경에는 막부장군 이에모치[家茂]와 천황의 누이 카즈노미야[和宮]의 결혼에

---

8) 『開國起源Ⅲ』(『勝海舟全集』3, 勁草書房, 1979년) 360~364쪽.

따른 막부의 양이 단행의 약속, 그리고 安藤 피습과 그의 실각에 따른 막부의 동요가 있었다. 조사단의 보고에 대하여 막부의 다른 외국봉행들이 평의를 열어 찬성을 표함으로 결국 대마번의 移封 운동은 좌절되었다. 하지만 이를 기점으로 쓰시마 처리를 통한 외교권의 장악, 즉 조선 후기 한일 간 외교의 특색이었던 쓰시마를 매개로하는 외교가 일본 중앙정부에서 검토되기 시작하였음은 주목할 필요가 있다.

4. 일본의 정쟁과 쓰시마

1) 양이(攘夷)시대의 전개와 원조요구운동의 변화

1862년 초, 막부장군 이에모치[家茂]와 황녀 카즈노미야[和宮]의 결혼이 이루어졌고, 공무합체의 주도권은 막부가 아닌 천황가가 장악하게 되었다. 이 결혼을 위해 막부는 10년 후에는 양이를 단행하겠다고 조정에 약속하였다. 이 약속에 따라 막부는 각 번이 방어를 위해 군함과 무기를 구입하는 것을 허락하거나 묵인하게 되었다. 각 번은 스스로를 지킨다거나 서양의 침략에 대비한다는 명목으로 자립의 길로 나섰고 일본 열도는 전국시대와 같은 성격을 보이게 된다.

사쓰마[薩摩]의 시마즈 히사미쓰[島津久光]는 1862년 3월 중순, 병사 1000명을 거느리고 상경하였다. 명분은 막부의 내분을 수습하여 막부를 개혁하는 일이라고 내걸었다. 막부의 히도쓰바시[一ツ橋]파와 기이[紀伊]파의 단합을 주장하고 이를 주선함으로써 사쓰마[薩摩]가 막부 정치에 깊이 관여한다는 계획이었다. 이는 당시 막부-조정-초슈의 연대가 이루어지고 사쓰마가 소외되는 상황을 타개하기 위한 일이었다.

막부와의 충돌을 각오한 일이었지만 막부가 막지 않을 것이라는 판단도 있었다. 막부의 핵심부에 아쓰히메[篤姬][9]가 있었다. 막부는 상경을 막지 않았다. 상경한 히사미쓰[島津久光]는 데라다야[寺田屋]에서 존왕양이파 무사들을 토벌하여 막부의 의혹을 풀었으며, 조정을 장악하였다. 그는 조정에 막부의 내분을 수습하고 개혁을 요구하는 칙사를 요청하였다. 조정은 이에 응하였고 칙서를 발급하였다. 히사미쓰[久光]는 조정의 칙을 받든 특사를 대동하고 에도(江戶)에 올라가 막부에 개혁을 요구하였다.[10] 황녀와 결혼한 직후여서 막부 쇼군(將軍)은 조정의 칙사를 접대하고 개혁에 부응하였다(文 久の改革). 히도쓰바시 요시노부[一橋慶喜]는 장군 후견직, 마쓰다이라 요시나가[松平慶永]는 정사총재직으로 임명되었으며, 이러한 정치적 성과는 사쓰마의 지위를 향상시켰으며 이로 말미암아 막부는 사쓰마를 무시할 수 없게 되었고 재야 정치 세력도 사쓰마로 결집되어, 막부-조정-사쓰마의 연합으로 정치 흐름이 귀결되는 모습을 보인다.

반면에 초슈[長州]의 '항해원략책'은 파탄을 맞이하게 되었다. 초슈[長州] 번은 1862년 7월, 방침을 일변하여 서양과의 조약을 파기하고 서양세력을 배척한다는 '파약양이(破約攘夷)'를 번론(藩論)으로 내세웠다. '항해원략책' 에서 '파약양이(破約攘夷)'로 번론(藩論)이 극단적으로 바뀐 것은 조정을 장악하고 막부를 궁지에 몰기 위한 전략적 선택이었다. 이것이 정치의 속성을 잘 보여준다고 생각한다. 초슈는 藩論을 바꾸기 전에 천황의 의지를 먼저 확인하였고, 조정은 통상조약은 물론 화친조약도 인정하지 않는 것이 천황의 뜻이라고 대답하였다. 이에 초슈는 자신들만이 천황의 뜻을 받드는 충신

....

9) (1836-1883), 사쓰마 시마즈 본가의 양녀, 막부 쇼군 이에사다의 정실. 1856년 11월 결혼하여 1년 9개월만에 이에사다의 급사(1858년 8월)로 홀로되어 大奧에 들어선 다(天璋院). 며느리로 황녀 카즈노미야를 맞아들였다. 和宮 역시 결혼 4년만에 홀로되어 靜寬院宮이 되었다.

10) 1. 장군이 다이묘들을 이끌고 교토로 와서 국사를 의논한다. 2.연해 5개 대번의 번주를 다이로에 임명하여 국정에 참가시킨다. 3.一橋慶喜를 將軍後見職으로, 松平春嶽를 政事總裁職에 임명하여 將軍을 보좌하게 한다.

이라고 선전하면서 '파약양이(破約攘夷) 외길'을 주장할 수 있었다. 모든 변화에는 저항이 따른다. 변화와 조약체결에 두려움을 갖는 사람들이 많았던 것이 이러한 전략의 토대가 되었음은 말할 나위가 없으며, 초슈는 다시금 정치력을 회복하였다. 존왕양이 과격파가 초슈를 중심으로 결집하여 일본 역사의 무대에 등장하게 된다. 많은 무사들이 '양이'에 동참하여 막부의 개항 정책을 성토하였으며 초슈는 그들에게 논리를 제공하는 두뇌가 되었다. 그들은 텐츄(天誅)라는 테러 행위를 통해 세력을 점차 확대해 나갔으며, 일본 열도는 '양이의 시대'로 접어들었다. 존왕양이 과격파는 조정 내부에도 깊숙이 자리 잡게 되었다.

초슈[長州]가 '파약양이'를 藩論으로 내세우고 존왕양이 과격파가 세력을 확대하자, 개항을 전제로 성립된 쓰시마[對馬]의 이봉운동은 다시금 도마 위에 오르게 되었다. 실제로 막부에서는 쓰시마 전토 이봉에 대해 불가하다는 판단을 내리고 있었음은 이미 살펴본 바와 같다. 하지만 반발과 부작용을 우려하여 막부는 이를 쓰시마에 즉시 통보하지 않았다. 쓰시마 번주 요시요리는 막부가 내허를 한 이상 어떠한 형태로든 보상이 따를 것이라고 믿었다. 하지만 쓰시마의 무사들은 '양이의 시대'에 개항을 근거로 한 이봉운동은 성공하지 못할 것이라고 판단하여 대책에 골몰하게 되었다. 이미 무사들에게 봉급도 지불하지 못하는 파산직전의 상태여서 다이묘의 권위는 추락하고 있었다. 초슈에 접근한 무사들은 '양이의 전쟁'을 상정한 원조를 얻는 방안을 모색하였다. 양이의 전쟁이 발생하는 경우 쓰시마가 최전선이 될 것이고, 쓰시마의 문제는 일본 전체의 문제이므로 쓰시마 전도를 막부가 수용하고 쓰시마 방비를 막부가 담당해야 한다는 여론을 불러일으키자는 전략이었다. 이 논리는 이봉운동의 연장선상에서 나타나는 원조요구 논리임을 간과해서는 안 된다. 차이는 개항이냐 양이전쟁이냐의 상황에 따른 문제였고 쓰시마로서는 10만석의 땅을 달라는 요구의 내용이 일치하고 있음은 주목된다.

초슈가 막부와의 전쟁을 불사하고 '파약양이'를 주장하고 있을 때, 쓰시마의 무사들은 원조 주선을 대가로 초슈와 운명을 같이할 것을 약속하였다. 쓰시마의 일부 무사들은 쓰시마[對馬] 영주(다이묘) 요시요리(義和)의 명령을 무시하고 에도(江戶)로 나갔으며, 1862년 9월 말일, 그곳에서 당시 반막부 세력의 중심이었던 초슈(長州)와 동맹을 맺는다. 그들은 초슈의 '파약양이' 외길에 참여할 것을 약속하였으며, 초슈의 주선을 얻어 쓰시마번의 경제난국을 타개하고자 하였다. 이를 '쓰시마 양이정권(攘夷政權)'이라고 부른다.[11]

뒤이어 그들은 16세의 세자 요시아키라(宗義達)를 옹립하여 새로운 정권을 탄생시켰다. 일종의 쿠데타였다. 이에 따라 번주 요시요리[宗義和]는 은거하였다. 병을 이유로 하였으나 사실은 무사들의 강요와 초슈의 의향에 의한 것이었다.[12] 초슈[長州]의 입장에서는 '파약양이'의 노선에 쓰시마를 끌어들여 세를 확장하고, 쓰시마 방어 문제를 막부 공격의 좋은 기회로 삼았던 것이며, 쓰시마는 방어를 핑계로 대량 원조를 요구할 수 있었다.

長州를 중심으로 양이세력은 쓰시마[對馬]의 주장을 적극 지지하여 막부 공격에 나섰고, 여러 번들을 움직여 여론을 형성하는 한편, 조정에도 적극 공작하였다. 초슈[長州]의 주선이 효과를 발하여 1863년 1월, 조정은 쓰시마에 양이단행의 칙서와 조정의 회답서를 내린다. 조정이 일개 약소 번에 칙서를 내렸다는 것은 당시 많은 화젯거리가 되었다. 서양 열강이 쓰시마를 공격한다는 소문도 무성하였다. 쓰시마는 한일관계의 변경이 아니라 서양과의 양이전쟁이 벌어질 경우의 최전선이며, 따라서 쓰시마의 문제는 일본 전체의 문제로 해결되어야 한다는 조정의 해석은 일본 내셔널리즘을 강화하는 효과를 가져왔다. 쓰시마는 당시 일본 열도의 주목을 받았다. 쓰시마

....

11) 여기에 대해서는 현명철 「제2장 대마주 '양이정권'의 성립 배경과 과정」(『19세기 후반의 대마주와 한일관계』, 전게서 pp.61~85) 참고.
12) 그는 1890년까지 건강하게 살아서 제1차 수신사, 제2차 수신사의 방문도 받았다.

무사들은 조정의 칙을 각 번의 무사들에게 보여주면서 주선을 요청하였고 각 번의 무사들 사이에 쓰시마 원조를 둘러싼 토론이 벌어졌다. 이미 막부는 양이를 실행하겠노라고 조정에 약속을 하였기에 이들을 토벌하거나 제어할 수 없었다.

막번체제하 전통적인 관념으로는 쓰시마 방어는 쓰시마 영주가 담당하고 인근 제번이 협조를 하는 것이 당연한 일이었다. 막부가 멀리 떨어져 있는 쓰시마 방어를 직접 담당하는 것은 논리적으로 말이 안 되는 소리라고 하면서도, 막부 내에서도 막부의 권위를 유지하고 양이세력의 공격을 회피하기 위해서는 이를 받아들여야 한다는 주장이 나타났다. 결국 1863년 4월, 老中 이타쿠라카츠키요[板倉勝靜]가 쓰시마에 대한 원조를 결정하고 「조선국체정 탐색지내명(朝鮮國體情探索之內命)」을 쓰시마에 내린다.

> 양이(攘夷)의 기한이 결정되어 쇄항 담판이 이루어질 경우, 서양 오랑캐들이 조선으로 건너가 가옥을 세운다는 소문도 있는 바, 조선은 오랜 우호관계가 있으므로 원조하기 위해 출장하여 서양 오랑캐의 근거지를 없애고, 때에 따라서 병위를 보여 복종시켜야 할 것이지만 쓰시마가 원래 병식이 부족하므로 군량미를 확보하고자 하는 뜻을 전달 받았다. 원하는바 양미의 수당으로 쌀 삼만 석을 매년 세 차례에 나누어 지급할 터이므로, 방어 준비를 확실히 하고 국력을 다하여 국위를 해외에 빛낼 수 있도록 하라. 만일 그 효과가 없을 경우에는 달리 조치할 것이므로 명심하라. 또한 무기 기계 등을 대여해 달라는 뜻은 받아들였으나 당장 무기가 별로 없으므로 다음에 주도록 하겠다. 또한 쓰시마 내의 질서를 장악하는 일은 막부도 지시하겠지만 초슈번주에게도 잘 말해 둘 터이다. 양미를 받는 일은 간초부교[勘定奉行]과 의논할 것.[13]

이는 수세에 몰린 막부의 결정이지만, 무익한 원조는 아님을 표방한 것으

----

13) 「朝鮮事務一件」四, 939쪽.

로 1861년 안도[安藤信正]가 쓰시마 이봉을 허락하였던 것과 마찬가지로 훗날 조선과의 외교와 무역을 장악하기 위한 수순이었음은 주목할 가치가 있다. 실제로 막부는 6월3일, 작년(1862) 영국으로부터 구입한 수송선 昌光丸을 쓰시마에 대여하였으며, 카츠카이슈에게 쓰시마 파견 명령을 내린다. 이는 막부 역시 조선을 복속시킬 웅지를 갖고 있음을 내부에 천명함으로 막부 비판을 선제적으로 봉쇄한 것으로 이해된다. 조선과의 아무런 외교적 갈등이 없었음에도 내정을 위해 조선에 대한 잘못된 정보가 사실처럼 선전되게 되는 상황을 알 수 있다. 즉 쓰시마를 원조하는 이유를 정당화하기 위해서 조선의 위기가 언급된 것이다. 흔들리는 내정 속에서도 군사적 강국으로의 자신감이 여전히 보인다.

다음달, 이러한 내허를 받고 쓰시마는 어린 藩主의 이름으로 원조요구원서를 제출한다. 이 원서가 오늘날 「정한론 원서」로 주목받게 된다.

2) 쓰시마의 '정한론 원서'와 원조요구 운동(1863-1865년)

여기서 우리는 '막부말기의 정한론'이라고 알려진 쓰시마의 원서를 검토해 보아야 하겠다. 1863년 5월, 막부가 쓰시마 방어를 위해 삼만석을 원조하겠다고 내허를 하고, 쓰시마는 어린 藩主의 이름으로 원조요구원서를 제출하였음은 언급하였다. 그 내용에서 주목되는 부분은 쓰시마의 위기가 아니라 조선의 위기가 강조되고 있는 부분이다. 즉,

> … 그 중 가장 寢食을 불안하게 하는 것은 조선에 서양 오랑캐들이 도래하여 토지를 빌리고 가옥을 설치하여 오래 머무르고자 도모한다는 말도 있습니다. …… 원래 겁이 많고 게으르며 유약한 韓人들은 제대로 싸워보지도 못하고 몇 년 지나지 않아 그들의 관할 하에 들어갈 것입니다. 일본이 양이를 단행하게 되면 그들(서양세력)의 불만이 조선을 향하게 되어, 조선

을 (침략하여) 교두보로 삼고 일본의 각 지역을 약탈할 것이므로 이는 쓰시마만의 문제가 아니라 일본의 큰일입니다. …… <u>그러므로 退守의 책을 버리고 進戰의 책을 세워서 서양 오랑캐가 조선에 침입하기 이전에 책략을 세워두면, 神君(도쿠가와이에야스)이래 200여년의 和交, 여기에서 신의로써 조선을 원조한다는 뜻으로 복종시키고 만일 복종하지 않을 때에는 兵威를 보여야 하는 데 이때 임진 일거와 같이 명분 없다는 말을 듣지 않도록 하여야 합니다.</u>[14]

원서의 내용은 '내허'의 내용을 보충하고 확인하는 형태를 취한다. 막부의 입맛에 맞게 막부가 원조를 하는 것에 대한 정당성을 확인해 주는 절차이다. 조선과의 외교를 담당해 왔으며, 조선의 현실에 대해 유일하게 잘 알고 있는 쓰시마가 공식적으로 조선이 위험하며, 조선이 침략당하면 일본이 위험하게 된다고 선동하는 것은, 막부의 견해와 당시의 여론을 받아들여 원조 요구의 논리로 활용하고 있는 것이며, 객관적 사실 여부와는 상관없었다. 정치적 행동이라고 파악하는 것이 타당하다.

주목되는 것은, 병위를 보이되 임진왜란과 같이 명분이 없는 전쟁이라는 말은 피하여야 한다는 것, 하루속히 막부가 쓰시마를 직할령으로 삼고 조선에 대한 방책을 수립해야 한다는 의견, 나아가 서양 열강이 조선을 침략하기 전에 일본이 조선을 복종시켜야 하며 이것이 도쿠가와 막부의 정신과 일치한다는 논리가 당시의 여론으로 형성되고 있었다는 점이다. 초기 조선과의 외교관계에 대한 아무런 배려가 없었던 대외팽창론(혹은 항해원략책)이 쓰시마의 이봉운동과 원조요구운동을 통해 기존의 외교관계와 접점을 찾아가고 있음을 그리고 동시에 기존 외교관계에 대한 잘못된 인식이 발생하는 계기가 되고 있음을 알 수 있다.

외교는 내부의 분란을 해소하는 수단으로 이용되기도 한다. 막부는 위와

....

14) 『大島家文書』 중 「御願書寫」(『稿本』).

같은 조선에 대한 인식을 공유함으로 내부 분란을 해소하고자 하였고 쓰시마에 10만석의 원조를 결정하였다. 일단은 10만석의 년조에 해당하는 매년 3만석의 수당을 지급한다고 하였다. 3만석은 쓰시마의 일년 수입(예산)에 해당된다. 막부는 쓰시마의 요구를 전부 들어줌으로써 반막부 운동을 사전에 차단하고 동시에 외교 일원화를 도모하려고 하였다고 판단된다.

한편, 이에 앞서서, 1862년 8월 시마즈의 귀국 과정에서 나마무기[生麥]촌에서 영국인을 참살한 사건이 있었다. 동8월, 초슈는 안정의 대옥 이후 처벌을 받은 사람들을 사면할 것을 칙서로 받아내어 이를 막부에 전달하였으며, 9월 조정은 칙사 산조사네도미를 파견하여 양이의 칙서를 전달하였고 막부는 11월 이를 받아들였다. 양이의 시대가 전개된 것이다. 뒤이어 12월 영국 공사관 습격이 발생하였으며, 3월에는 천황이 쇼군을 대동하여 양이를 기원하는 행사를 가졌다. 1863년 5월1일(음력)을 기해 양이를 단행하라는 칙서가 내렸음은 앞서 언급하였다. 초슈는 이를 근거로 6월 25일 시모노세키에서 외국선을 포격하였다. 외국선을 포격하면서 막부의 허가를 구하지도 않았으며 의향도 묻지 않았다. 막번체제에서 막부의 지도적 지위를 무시한 행동이었다. 7월에 영국함대가 초슈를 보복공격하였으며, 초슈 정규군의 패배를 기회로 다카스기 신사쿠[高杉晉作]가 기병대를 조직한다. 8월에는 나마무기 사건에 대해 영국함대가 가고시마를 포격하였다. 서양과의 싸움에 막부는 누구 편을 드는지 세상에 내보이겠다는, 막부를 곤란하게 만드는 행동이 계속되었다. 점차 양이운동은 걷잡을 수 없이 확대되었다. 양이파의 폭주는 많은 사람들의 우려를 불렀다.

교토에서는 천황이 사쓰마[薩摩]번에게 존왕양이 과격파 추방을 요청하였다. 조정에서 과격파들이 실권을 장악하고 천황의 권위를 무시하였기 때문이었다. 1863년 8월 18일, 아이즈[會津]와 사쓰마[薩摩]의 병사가 궁궐 문을 장악하고 출입을 통제하였다. 궁정쿠데타였다. 조정은 양이불가를 결정하고 초슈 무사들의 입경(入京)을 금지하였으며, 존왕양이 과격파 공가들을 추방하였다. 이를 8·18정변이라고 부른다. 초슈 무사들과 양이파 공경들은 조정에서 쫓겨나 초슈로 향하였다. 초슈가 중심이 된 과격파는 세력을 만회하기 위해서 암약하였다. 온건파와 양이파의 대립이 지속되었다.

1864년 6월, 교토에 있는 여관 이케다야[池田屋]에 모인 약 30명의 존왕양이파를 치안유지조직인 신센구미[新選組]가 발각하여 기습하였다. 이를 이케다야 사건이라고 부른다. 초슈는 이 사건에 반발하여 기병대와 유격대 등을 이끌고 상경, 7월 궁궐 외곽 하마구리[蛤]문에서 이를 지키는 아이즈[會津]·사쓰마[薩摩] 병사들과 충돌하여 전쟁이 벌어졌다. 교토에서 28,000호가 소실되는 치열한 전투였다. 이를 금문의 변(禁門の変)이라고 한다. 막부는 양이파의 선봉을 자임하는 초슈[長州]를 정벌하겠다고 조정에 칙을 요구하였다. 막부의 허가 없이 마음대로 외국선을 포격하여 국가를 위기에 빠뜨렸으며, 이를 힐문하러 내려 보낸 막부의 관리들이 의문의 죽음을 당한 것, 금문의 변을 일으켜 교토를 불바다로 만든 것 등 막부가 열거한 초슈[長州]의 죄상은 명백하였다. 조정은 초슈를 토벌하라는 칙을 내렸다.

조정이 양이불가를 선언하고 초슈가 정벌의 대상이 됨에 따라서, 양이 전쟁을 근거로 한 쓰시마에 대한 원조는 다시금 근거를 상실하였다.

3) 원조의 중단과 쓰시마의 내홍

1864년 9월, 초슈 정벌군이 초슈를 향해 내려오고 있을 때, 4개국 연합함대가 시모노세키를 포격하였고 패배한 초슈는 4개국 연합함대와 강화조약을 맺었다. 뒤이어 초슈에서는 탄압을 받고 있었던 반대파가 세력을 회복하여 과격파를 처벌하고 막부에 항복 공순을 약속하였다. 양이파의 지도자 수후[周布政之助]는 자결하였으며, 3家老가 참수되었다. 이로 제1차 초슈 정벌은 성공리에 종결되었다. 그러나 정벌군이 회군하자 12월 다카스기[高杉晉作]는 기병대를 비롯한 제대를 수합하여 초슈의 정규군을 격파하고 무력으로 번의 권력을 장악하였다. 다지마에 피신하였던 기도[木戸孝允]가 돌아와 용담역에 취임하여 다시금 막부와의 군사 대결에 대비하였다. 다시금 일본 열도는 내란의 불씨가 피어오르고 있었다.

1864년 12월 막부의 결정은 대마도주에게 다음과 같이 전달되었다.

宗對馬守

작년(1863) 양이가 결정됨에 따라 대마도 경비를 위한 (원조 요구) 원서가 있었고, 또 모리(毛利- 장주번주) 대선대부로 부터도 여러 가지 건백이 있었으므로 양미 수당으로 쌀 삼만석을 매년 지급하여 쓰시마 치안에 이르기까지 막부가 다 보살펴 주었으며, 또한 대선대부(초슈 다이묘)에게도 (쓰시마를 원조하라고) 명령을 내렸는데, 그 후 대선 부자가 역모를 일으켜 이미 주벌(誅伐) 명령이 내려진 바, 쓰시마 치안 문제에 대해서는 (막부가 삼만석의 원조를 중단하고) 다시금 대책을 강구할 것이다. 그 뜻을 명심하기 바란다.15)

막부는 쓰시마에 대한 원조는 중지하기로 결정하였다. 하지만, 조선과의 외교 무역을 장악해야 할 필요성은 인식하고 있었기에 다시금 대책을 강구하겠다고 여운을 남긴 것이었다.

제1차 幕-長 전쟁시, 쓰시마에서도 내홍이 일어났다. 초슈와 동맹을 맺었던 쓰시마의 양이파 무사들은 초슈를 원조하여 함께 막부에 대항하여 싸울 것을 주장하였다. 이는 이전의 원조 요구가 長州의 주선과 협조로 이루어졌으며, 그 과정에서 강인한 유대관계가 성립되었기 때문이었다. 뿐만 아니라 長州 - 對馬州 동맹을 통하여 맺어진 맹약이 있었기 때문이었다.

그러나 이는 막부와의 정면대결을 의미하며, 초슈 정벌의 칙이 내린 상태에서 조정의 칙을 거슬러 초슈[長州]를 지원하는 것은 조정의 적(朝敵)이 되

---

15) 「朝鮮通信事務一件」 943쪽.

는 일이었다. 자립의 기반이 없는 쓰시마로서는 감당할 수 있는 것이 아니었다. 따라서 쓰시마의 영주는 이들의 요구를 각하하고 중립적 자세를 취하도록 수차례에 걸쳐 명령을 내리었다. 하지만 과격 양이파 무사들은 탈번(脫藩)이라는 극단적인 행동을 통하여 장주를 원조하여 같이 싸우고자 하였다. 동년 11월 長州가 항복하고 막부가 승리하자 당연히 막부는 쓰시마에 대하여 막부에 대항한 무사들을 처벌할 것을 강력히 요구하였다. 쓰시마에 대한 원조가 중단된 이유였다. 쓰시마로서는 초슈를 지원한 무사들을 처벌하라는 막부의 요구를 무시할 수 없었다. 그리하여 대마도주 소 요시아키라[宗義達]는 외삼촌인 카츠이고하치로[勝井五八郎]를 내세워 번 내부의 양이세력을 탄압하고 막부에 대해 공순을 표하게 된다. 이를 '갑자의 변'이라고 부른다.

그러나 제1차 막부와 초슈 전쟁에서 막부의 승리는 불완전한 일시적인 승리였다. 항복한 長州에서 기도[木戶孝允]와 다카스기[高杉晋作]가 권력을 장악하면서 막부와 무력대결이 준비되었고, 큐슈(九州)에서는 다이묘의 연합을 도모하여 막부와 대항하여야 한다는 여론이 조성되었다.

1865년 2월, 큐슈[九州] 쓰시마령(對馬領) 다시로[田代]의 무사들은 큐수의 양이 분위기를 이용하여 무력으로 藩論을 뒤집고자 하였다. 히라다오에(平田大江)는 '진의대(盡義隊)'를 만들어 무력으로 번의 권력을 장악하고자 하였다. 그는 「지금 勝井등이 막부의 뜻을 받들어 근왕파 무사들을 탄압하고 있는데 이를 내버려 두면 다른 번에서도 이와 같은 탄압이 일어날 염려가 있으므로 병사들을 이끌고 대마도로 가서 藩論을 회복하고자 한다」 라고 하면서, 큐슈[九州] 여러 번들의 원조를 구하였다. 대마도의 내분은 다시금 일본 전체의 주목을 받기에 이르렀다.

3월 20일, 공경 산조[三條]의 사자와 치쿠젠[築前]·사쓰마[薩摩]·초슈[長州]·키요스에[淸末]·오무라[大村]·히라도[平戶] 등 諸藩의 사자들이 대마도로 건너가 담판에 들어갔다. 이 때에 쓰시마에서 담판에 나섰던 인물은 초슈와 동맹을 맺을 때에 핵심인물이었던 히구치켄노스케[樋口謙之亮]였다. 결국 대마영주는 이들의 압력에 굴복하여 5월 1일 밤, 카쓰이[勝井] 등을 기습 체포하고, 그를 따르는 무사들을 처벌하기에 이르렀다.

이러한 대마도의 정세는 그대로 막부에 보고되었다. 막부의 감찰(大監察, 小監察) 들은 "쓰시마의 국론은 격도(激徒)들이 장악하고 있으므로 쓰시마에 양미를 원조하는 것은 적에게 양미를 건네주는 것과 같다"라고 강경하게 쓰시마 원조를 반대하였다.

쓰시마는 원조가 없이는 존립할 수 없는 구조를 갖고 있었기 때문에 다시금 어려움에 처하게 되었다. 그리하여 막부에 대한 충성이 변함이 없음을 강조하고 경제적 어려움을 하소연하면서 계속하여 원조를 해 줄 것을 탄원한다. 1865년 9월 오시마[大島友之允]가 원조를 계속해 달라고 하는 탄원서를 보면, 그 실정을 알 수 있다.

口上書
(전략)2년전 봄(1863년)에 에도에서 원서를 올려 탄원한 바, 쓰시마의 흥폐는 일본의 영욕과 관계되는 바이므로, 이 기회에 쓰시마의 군비(軍備)를 갖추는 것을 일본의 공론(公論)으로 해 주셔서, 조선과의 상업의 이익을 기대하지 않고도 병식을 갖출 수 있도록 함으로써 국위를 더럽히지 않도록 영단을 내려주십사고 탄원서를 올린 바가 있었습니다. 그후 장군께서 상락(上洛-京都에 올라옴)하셨을 때 그토록 원하였던 삼만석의 원조를 고맙게도 받게 되어 이 특은에 힘입어 쓰시마의 경영에서 병비 수당에 이르기까지 여러모로 마음을 쓰고 있었습니다.
올 봄 이후 대마도에서는 여러 가지로 어려움이 있었고, 대마 영주를 비롯하여 통심하는 바가 큽니다. 지금에 이르러서는 여러 번의 사자들도 돌아갔고, 표면상으로는 진정을 되찾은 듯이 보입니다. 그러나 언젠가 그 뿌리를 뽑지 않으면 후환이 계속되리라 봅니다. 영내에 위급함이 닥치어서 영민의 생명에도 관계되는 곤란함은 내부의 수당을 제대로 확립하지 못하는 바에서 시작되어 치안유지를 제대로 못하는 바에 기인합니다. 그런데 지금

처럼 원조가 미루어지면 망도(妄徒)들이 선제공격으로 나서게 될 것이며,
어떠한 분란이 발생하게 될 지 두렵습니다(중략)
거듭 10만석의 석대인 삼만석을 신속히 지급해 주실 것을 부탁드립니다.
그리하면 급히 병식과 수당을 해결하고, 신속히 그 분란의 뿌리를 뽑아서
후환이 없도록 하여서 일본의 國辱이 되지 않도록 엄중히 조치하겠습니다
(하략)[16]

위의 내용을 검토해 보면, 쓰시마가 원조를 받게 된 이유는 조선 무역에
의존하지 않고도 병식(兵食)을 해결하여 일본의 국위를 손상하지 않기 위함
이라는 인식과, 쓰시마의 내분이 원조의 중단(지연)에 따른 것이므로 신속히
원조가 재개되지 않으면 분란이 심각하게 될 것이며 원조를 재개해 준다면
분란을 단절하고 국위를 손상하지 않도록 하겠다는 인식을 보여주고 있음
을 알 수 있다. 대마도의 탄원에 대해 동 11월 막부는 다시금 쌀 5000석을
지급할 것을 결정하였고, 쓰시마는 이를 받아들여 다시금 히라다[平田]를
비롯한 양이파 무사들을 숙청하여 막부에 충성을 보였다.

이에 앞서 1865년 8월 사쓰마[薩摩]의 명의로 구입한 미니에 소총 4000
자루가 초슈에 도착하였고 사쓰마와 초슈의 관계가 급격하게 가까워졌다.
동 9월 제2차 초슈 정벌의 칙이 내렸을 때, 사쓰마는 조칙(詔勅)을 무시하였
다. 사쓰마의 오쿠보[大久保利通]는 "의롭지 못한 칙은 칙이 아니다."라고
단언하였으며 오히려 1866년 1월에는 초슈와 동맹(薩長同盟)을 맺었다.
1866년 6월 제2차 드디어 막부와 초슈 사이의 전쟁이 발발하였다(제2차 幕-
長 전쟁). 막부군 15만 명은 4000 명의 초슈군에게 처음부터 패주하기 시작
하였다. 전쟁에 임하는 자세와 훈련, 그리고 무엇보다 화력의 차이였다. 패
전의 소식이 전해지는 와중에 쇼군 이에모치가 병으로 사망하였다. 9월, 가
독을 이어받은 요시노부는 철병을 명하였다. 그는 쇼군직을 고사하고 사태

16) 「御周旋方日記」(『大島家文書』, 『稿本』전게 사료).

수습에 전념하는 태도를 보이다가 孝明천황의 신임을 충분히 확인한 후, 12
월 장군직에 취임하였다.

5. 「구폐」로 간주된 조선후기 한일관계

1) 왕정복구의 과정과 쓰시마

1866년 12월 요시노부[德川慶喜] 정권이 성립되자, 老中 이타쿠라는 다
음과 같은 達을 쓰시마에 하달하였다.

> 조선국 취급에 대해서는 일찍이 규칙이 있었겠으나 지금부터는 변혁을 할
> 터이므로 그 뜻을 잘 받아들여주기 바란다. 지금의 시세를 잘 살피어 모든
> 격식은 옛날의 격식에 따르지 않고 다른 외국과의 교제에 준하여 더욱 신
> 의를 세울 수 있도록 하라. 나아가서는 이정암 윤번제를 폐지하며 별단의 역
> 인을 파견할 터이니 명심하라.[17]

이는 조선과의 외교를 막부가 직접 장악하겠다는 선언이라고 말할 수 있
다. 1861년 쓰시마의 이봉운동에서 촉발된 직접외교 구상이 좀 더 현실감을
갖게 된 것으로 판단된다. 막부가 조선과의 외교 관계에서 옛날의 격식을
따르지 않겠다고 선언한 것은 기존의 조선과의 관계에 대한 비판을 해소하
기 위한 수순으로 장기 계획이었고, 조선의 동의가 필요한 사항이었다. 막
부의 사절 파견도 이러한 계획을 달성하기 위한 방법이었다고 판단된다. 쓰
시마로서는 원조는 획득하되 조선과의 직접 외교는 어려울 것이라고 은근
히 방해하였다. 결과적으로 이정암 윤번제를 폐지하고 외국봉행을 파견하

17) 「工儀被仰上」(『御家記編輯材料』).

지 못한 것은, 이후 조선과의 관계에서 쓰시마의 재량권이 더욱 확대되는 결과를 가져와 변혁기 양국의 소통을 방해하고 갈등을 확대시킨다는 점에서 주목할 필요가 있다.

막부는 사절파견을 계획한다. 1867년 2월, 막부는 외국봉행 히라야마(平山敬忠)에게 쓰시마 파견을 명령하였다. 쓰시마번과 협의한 후 상황에 따라서는 조선에 도항할 수도 있다는 내용이었다. 히라야마[平山]의 對馬島 파견은 막부가 조선과의 외교를 접수하기 위한 수순(手順)이며 여태까지 쓰시마[對馬]藩이 담당해 온 조선관계 사무를 인수하기 위한 정보 획득에 목표가 있었다. 아울러 프랑스와 조선 관계에 주선을 함으로 외교적 지위를 끌어 올리려는 의도도 있었다. 그러나 사절 파견은 순조롭게 이루어지지 못하였다. 막부는 국정을 효과적으로 집행할 힘을 상실하고 있었다. 게다가 쇼군 요시노부[德川慶喜]를 지지하였던 코메이[孝明]천황이 급사하였다. 천황의 급사는 요시노부 정권에는 큰 타격이었다.

1867년 8월 토막파는 무력으로 막부를 타도할 준비를 갖추게 된다. 사절이 출발하기 전인 1867년 10월14일, 요시노부[慶喜]는 대정봉환(大政奉還)을 신청하였다. 여기에 사쓰마의 고마쓰다테와키[小松帶刀]와 토사의 고토조지로[後藤像次郎]가 찬동한다. 토막을 의도한 사쓰마가 여기에 찬성한 것은 전략으로 막부의 양보를 충분히 이용하려는 의도였다. 요시노부[慶喜]는 다이묘 연합정부를 만들어, 도쿠가와[德川]家가 필두가 되어 국정의 실권을 장악할 수 있다는 계산이었다. 그러나 대정봉환이 상신된 이날, 「적신(賊臣) 요시노부[慶喜]를 진륙(珍戮)하라」는 막부를 토벌하라는 밀칙이 사쓰마 번주와 초슈 번주 앞으로 내려진다. 이것이 위조된 밀칙이었음이 최근 밝혀졌지만, 당시로는 큰 충격이었을 것이다. 정치에서는 권모술수가 중요한 요인임을 알게 한다.

67년 12월 9일, 궁궐을 장악한 토막파는 왕정복고를 선언하고 쇼군직을 폐지시키는 왕정복고의 비밀 쿠데타를 성공시킨다. 도쿠가와 요시노부의 장군직 사퇴를 인정하고, 막부와 섭관을 단절하고, 임시로 총재, 의정, 참여의 3직을 둔다고 선언한다. 참여로는 위의 5개 번에서 3명씩 무사가 임명되고, 사이고[西鄕隆盛], 오쿠보[大久保利通], 이와쿠라[岩倉具視], 고토[後藤像次郞] 등이 들어가 실권을 장악하였다. 임시로 3직을 둔다고 기록되었으니, 신정부는 그야말로 일종의 「임시혁명정부」였다. 이로써 막부는 폐지되었고, 히라야마의 사절 파견 명령도 소멸되었다.

기존 연구는 이 사절 파견이 조선의 거절로 말미암아 이루어지지 못하였다고 하고, 나아가서는 막부사절 파견을 알리는 강신대차사의 서계가 입항과 동시에 거절당하였다고 설명하지만, 이는 사료와 합치하지 않는다. 강신대차사는 5월 9일 왜관에 도착하여 훈도와 대면하였고, 6월 훈도와 동래부사의 교체로 다시금 새로이 회담을 하였으며, 서울에서 경접위관이 파견되어 9월 봉진연, 11월 3일 회답서계를 수령하고 있기 때문이다. 물론 회답서계가 막부에 전달되기 전에 막부는 멸망하였다. 막부가 멸망하고 일본에서 새로운 정권이 성립하는 상황은 경제적 위기와는 별도로 한일관계에서 쓰시마의 입지를 오히려 강화시켰다.

신정부는, 전장군 도쿠가와 요시노부에 대하여 「사관납지(辭官納地)」, 즉 내대신의 사직과 영지(領地)·영민(領民)의 반환을 요구하였다. 말하자면 무조건 항복을 요구한 것이었다. 이는 도발이었다. 1868년 원단, 드디어 오사카에서 막부가 무력 반격을 결정하였다. 「사쓰마 토벌의 표(討薩之表)」를 작성하여, 사쓰마[薩摩]번의 음모에 주륙을 가한다고 선언하고, 막부의 병사들 15,000명이 교토 후시미[伏見]와 도바[鳥羽]로 진격하였던 것이다. 토막파가 바라는 무력대결의 국면은 이렇게 막부가 시작하였다. 이를 무진전쟁이라고 부른다.

여기에 대항하는 사쓰마와 초슈[薩長]의 군대는 4500명, 그러나 정예군이었다. 전투는 처음부터 삿초[薩長] 군이 일방적으로 우세하였다. 막부군은 허망하게 패배하였다. 요시노부는 오사카성을 몰래 탈출하여, 군함 카이

요마루[開陽丸]로 에도로 도주한다. 버려진 막부군은 사방으로 흩어져 버렸다. 주도권을 확보한 토막파는, 천황의 칙을 얻어 요시노부 추토령을 받아내었다. 그들은 관군이라고 칭하였다. 1월 중에 서국과 중부의 여러 번들이 무저항의 상태로 제압되었다. 구 막부령이나 조적(朝敵)으로 지목된 다이묘의 영지는 신정부의 직할지가 되었다.

2월 초순, 사쓰마·초슈·토사[薩長土]의 세 번을 중심으로 하는 東征軍 1만 여명이 에도를 목표로 출진한다. 대총독부 참모로 사이고가 취임하였다. 저항은 거의 없었고, 3월 중순에는 에도성 총공격의 준비도 정비되었다.

요시노부는 항복 방침을 정하였다. 사이고다카모리와 막신 카츠카이슈의 회담을 거쳐서, 신정부는 요시노부의 死罪 방침을 철회하고 에도성 총공격을 중지하며, 도쿠가와 종가의 존속을 인정하는 선에서 항복을 받아들였다. 요시노부는 은거하여 미토[水戸]에 근신한다는 관대한 처벌을 받았다. 4월 東征軍이 무혈 입성한다. 이렇게 에도 막부는 멸망하였다.

무진전쟁이 발발하였을 때, 쓰시마[對馬]는 관군에 포함되려고 노력하였으나 도움이 되는 병사들이 아니었기에 무시당하였다. 하지만 초슈의 기도 다카요시[木戸孝允]의 주선으로 무진전쟁에서 관군에 병사를 내보낼 수 있었으며, 덕분에 막부가 항복하였을 때에는 승리자의 입장에 설 수 있었다. 하지만 쓰시마의 재정난은 심각하여 무기의 근대화를 도모하여 수입하는 것은 꿈도 꿀 수 없었고, 무사들의 봉급을 지불하기에도 어려운 상황이었다.

2) 메이지 정부 수립과 쓰시마[對馬]

1867년 12월 9일, 왕정복고의 대호령으로 메이지 신정부는 성립되었다. 양이(攘夷)를 표방하고 막부를 타도하는 가장 큰 이유를 막부가 조약을 맺었기 때문이라고 주장하였던 신정부는 외국 열강의 지지를 획득하기 위하여 한 달 만인 1868년 1월 17일 외국과의 화친을 국내에 포고하였고, 서양 열강들은 이에 화답하여 1월 25일 서양6개국 국외 중립을 선언하였다. 양이에서 개국으로의 전환은 이렇게 간단하게 정리되었다.

신정부는 외교권을 장악하는 데에 힘을 기울였고, 3월 11일에는 對馬藩에게 모든 외국과의 교제를 조정에서 담당한다는 뜻을 명령하였다. 하지만 쓰시마에 대한 지원책이 확립되지 않은 상태였기에 쓰시마의 외교권은 애매한 상태로 남겨둘 수 밖에 없었다. 즉,

> 이번에 왕정으로 일신되어 모든 외국과의 교제는 조정이 담당할 것이다. 조선은 옛날부터 왕래하던 나라이므로 더욱 위신을 세우고자 하는 뜻으로 지금까지와 마찬가지로 宗家에 양국 통교를 가역으로 명하며, 조선국과의 교제는 외국 사무보의 마음가짐으로 행하라고 명하니, 국위를 더욱 세울 수 있도록 진력하라. 특히 왕정일신의 시기이므로 해외에 대해서는 더욱 특별히 마음을 기울여 구폐를 척결하고 奉公하라.[18]

이는 일본 국가 기구의 면에서 볼 때 1861년 이래 막부가 추진하였던 조선과의 직접 외교를 장악하려는 의도의 연장이라 볼 수 있다. 또한, 쓰시마번[對馬藩]의 입장에서 보면 오랫동안 행해온 원조 요구의 근거가 아직 남아있는 것이었다.

여기서 처음으로 조선과의 외교관계를 '구폐'라고 표현하고 '구폐'를 척결하라는 언급이 나온다. '구폐'의 내용이 과연 무엇이었을까.

윤 4월 6일, 쓰시마[對馬] 다이묘 요시아키라[宗義達]는 위 명령에 대한 봉답서를 제출함과 동시에 별지 부속서를 첨부하여 쓰시마 처리 문제가 먼저 해결되어야 한다고 주장하였다. 이를 소개해 보자.

....

18) 『朝鮮外交事務書』1(한국일본문제연구회, 성진문화사, 1971년) 69~70쪽, 이하 『事務書』로 약칭함.

一, ① 쓰시마가 조선국과 교제를 맺고 사신을 보내고 세견선을 보내고 조약을 맺게 된 것은 1440년대 초, 남북조 시대 서국(西國) 병난(兵亂)으로 선조들이 큐슈의 영토를 잃고 대마도에 들어와 숨어있었던 어려운 시기였습니다. … 원래 세견을 약속한 것은 실로 차래지식(嗟來之食-업신여기며 주는 음식)을 받아먹는 것과 같은 것으로 전적으로 일시의 구급지책(救急之策)에 불과합니다. 그때부터 다년간에 걸쳐 영지의 회복을 꾀하였지만 불행하게도 성공하지 못하여 드디어 조선을 기대하지 않고는 국력이 지탱되기 어렵게 되었습니다. 그리하여 잘못된 관례(謬例)가 생기어, 외국에 대하여 번신(藩臣)의 예(禮)를 취하여 수백 년간 굴욕을 조선으로부터 받았으니, 분개절치(憤慨切齒)합니다.<중략>

② 그리하여 금번 조선국과의 구폐를 일신하라는 엄명을 받았으니, 사력을 다하여 속히 그 실효를 세워 년래의 소망을 달성하도록 분발할 것입니다만, (중략) (對馬藩 경제 자립이) 조선에 손을 쓰는 제일의 순서라고 생각하오니, 비상한 파격적인 성단을 내려주셔서 선제의 예려(叡慮)를 세우고 금후 외국에게 경멸을 받지 않기를 원합니다. 그러한 후에는 쓰시마번은 사교(私交)의 폐해를 비롯하여 기타 유폐를 모두 개혁하여 (국가의) 위신을 빛나게 하도록 하겠습니다.[19]

'구폐'란 조선에 번신의 예를 취한 것을 말한다. 그리고 조선의 멸시를 받는 외교관계를 개혁하기 위해서는 對馬藩 원조가 제1의 순서라고 주장하고 있는 것도 주목된다. 전통적 교린의 의미를 무시하는 논지가 전개되고 있었다. 막부 장군과 조선 국왕이 대등하였기에 쓰시마 영주가 막부 장군을 대하는 마음으로 조선 국왕을 대한다는 전통적 '예'에 대한 이해는 어디에도 언급되지 않았다. 오로지 조선의 술책에 넘어간 것이라는 억울함이 팽배하다. 그것도 궁핍한 경제적 상황 때문에 그리되었다는 것이다. 이러한 해석이 당시 메이지 지도자들이 갖고 있었던 일반적 대조선 인식으로 확대되었음은 당시의 여론으로 어쩔 수 없는 일이었다.

....

19) 『事務書』 73~95쪽.

쓰시마로서는 구폐를 해결하는 것은 쓰시마가 안정된 지행으로 큐슈 10
만석의 땅을 얻는 일이었고, 조선의 신하로 취급되고 있다는 사실은 원조를
위한 핑계로 매우 유효한 것이었다. 사실 쓰시마는 세견선 무역을 포기할
생각은 전혀 없었다. 조선과 아무런 외교적 마찰이 없었는데, 일본에서의
정권 교체를 기회로 기존 외교 관계를 '구폐'라고 표현하면서 10만석의 토
지에 해당하는 원조를 주장하고 있는 것은 흥미롭다. 자립할 수 없었던 쓰
시마의 외교적 능력과 발빠른 대처를 잘 알 수 있으며, 동시에 정치가 무엇
인지 이해할 수 있는 좋은 사례라고 생각된다. 쓰시마의 외교 무역의 독점,
혹은 세견선을 유지하면서 '구폐'를 해결하는 방법이 있었던 것일까.

'구폐의 해결'이라는 것은 상식적으로 그리고 논리적으로 생각하면 세견
선의 폐지가 그 첫 열쇠가 될 것이었다. 그러나 쓰시마는 그렇게 생각하지
않았다. 세견선은 이득이 남는 일이기 때문이었다. 우선 쓰시마는 조선과의
외교는 쓰시마가 아니면 처리될 수 없다고 자신들이 대조선 외교의 전문가
임을 강조하였다. 당장 조선에 왕정복고를 알려야 하며 조선으로부터 왕정
복고를 축하하는 사절을 받아들여야 한다고 상신하고 있다. 조선에 시급하
게 왕정복고를 알려야 하는 이유로는 표류민 송환을 들었다. 즉, 지금 일본
에 표착한 조선 표류민을 송환해야 하는데, 막부의 이름으로 송환할 수 없
으니 왕정복고를 알려야 한다는 것이다. 또한 동시에 왕정복고의 위업을 축
하받기 위해 조선 사절을 불러야 할 것도 건의하고 있다.

그렇다면, 쓰시마는 '구폐의 개혁'을 어떻게 달성하려고 하였던 것일까.
이 부분이 대수대차사 서계를 둘러싼 문제로 나타난다. 쓰시마는 조선이 준
감합인(도서)을 폐지하고 메이지 정부가 인정한 신인을 사용하며, 대마주 태
수의 지위를 높여 '좌근위소장 평조신 종의달'로 올리고 예조참판과 등대하
려고 하였다. 대마주 태수가 예조참판과 등대하게 되면 번신의 예를 취한다
는 비판에서 벗어날 수 있다고 생각하였던 것일까. 메이지 정부의 무력을
배경으로 교섭 상대의 격을 높이는 것이 '구폐의 개혁'이라고 판단하였던

것이다. 차사들이 임관을 무시하고 동래부와 직접 교섭을 주장하였던 것 등이 모두 이러한 이해에서 비롯된 것으로 판단된다. 메이지 정부 쓰시마의 '구폐 개혁' 요구에 대한 동래부의 대응은 어떻게 진행되었던 것일까에 대해서는 따로 논하도록 하겠다.

6. 맺음말

이상 메이지 초기의 외교를 둘러싼 한일간의 갈등이, 과거의 외교 관계를 '폐단'이라고 규정하고 이를 개혁하려하였던 메이지 정부의 쓰시마번과 과거의 외교 관계를 '성신지교'라고 믿어 온 조선 동래부의 충돌이 그 핵심이었음을 밝히고자, 도쿠가와 이에야스 이래의 조선과의 우호 관계가 '구폐(과거의 폐단)'라고 인식되는 과정과 그 내용을 살펴보았다.

막부의 개국에서 메이지 정부의 성립에 이르는 시기, 개국과 양이를 둘러싼 정쟁을 통해서 한일관계관의 변화가 일본 내부에서 나타남은 주목하지 않을 수 없다. 이를 위해 쓰시마의 입장에서 막부 말기의 역사를 복원해 보았고, 그 결과 원조 요구의 논리를 수립하는 과정에서 '한일관계관'의 변화가 나타남을 부각할 수 있었다.

다음의 과제는 메이지 정부의 성립과 왜관에 대하여 살펴보는 일이다. 동래부는 메이지 정부의 성립 이후, 세견선 무역의 이윤이 없으면 곤란에 빠질 것이 뻔한 쓰시마가, 메이지 정부의 무력과 전쟁의 위협을 핑계로 도서를 바꾸고 자신의 지위를 올리며 외교의 격을 올리겠다는 요구에 대해 어떠한 태도를 취하였던 것일까에 대해 별고에서 살펴보고자 한다.

[참고문헌]

1. 자료

『丙子擾錄』(국립중앙도서관 소장, 古2109-26-247-1-2).

『심행일기 : 조선이 기록한 강화도조약』(신헌 지음·김종학 옮김, 푸른역사, 2010).

『국역 을병일기』(김종학 옮김, 국립중앙도서관, 2014).

『日本外交文書』第8·9卷(外務省 編, 日本國際協會, 1940).

『日韓外交資料集成』第1卷(金正明 編, 巖南堂書店, 1966).

『明治八年朝鮮江華島砲擊始末』卷1(日本國立公文書館 所藏, アジア歷史資
　　　　　料センター Ref. A03023622700).

『中牟田倉之助傳』(中村高也, 杏林舍, 1919).

「日韓交涉の眞相」(岡本柳之助, 『慶應義塾學報』 159, 1910).

김종학, 『개화당의 기원과 비밀외교』, 일조각, 2017.

김종학, 「곤경에서의 탈출 : 조일수호조규의 체결 과정」, 한일관계연구소. 편, 『조
　　　　　일수호조규, 근대의 의미를 묻다』, 청아출판사, 2018.

김흥수, 『한일관계의 근대적 개편 과정』, 서울대학교출판문화원, 2009.

남영우, 『일제의 한반도 측량침략사』, 法文社, 2011.

연민수, 『고대한일교류사』, 혜안, 2003.

＿＿＿, 『고대일본의 대한인식과 교류』 역사공간, 2014, 소수.

정재정, 『일본의 논리』 현음사, 1998.

旗田巍, 『日本人의 朝鮮觀』勁草書房, 1969.

다보하시 기요시(田保橋潔) 지음·김종학 옮김, 『근대 일선관계의 연구』上, 일조각.

2. 논문 및 연구서

나행주, <고대일본의 국제관계와 대외인식> ≪사림≫ 41, 2012.

박한민, 「조일수호조규 관철을 위한 일본의 정찰활동과 조선의 대응」, 『歷史學報』
　　　　　217, 歷史學會, 2013.

박한민, 「朝日修好條規 체제의 성립과 운영 연구(1876~1894)」, 고려대 한국사학
　　과 박사학위논문, 2017.

小林茂 編, 『近代日本の海外地理情報收集と初期外邦図』, 大阪大學出版會,
　　2017.

연민수, <니시키에에 투영된 신공황후전설과 한국사상> ≪고대일본의 대한인식
　　과 교류≫ 역사공간, 2014.

연민수, <신공황후전설과 일본인의 대한관> ≪고대일본의 대한인식과 교류≫ 역
　　사공간, 2014.

연민수, <신공황후전설과 일본인의 대한관> ≪한일관계사연구≫ 24, 2005.

연민수, <일본 율령국가의 신라관의 형성과 실태> ≪일본역사연구≫ 33, 2011.

이재석, <일본고대국가의 자화상과 타자상> ≪일본역사연구≫ 24, 2006.

이헌주, 2018, 『姜瑋의 開化思想 硏究』, 선인.

정효운, <고대 한일국가와 타자인식> ≪신라문화≫ 28, 2006.

旗田巍, <日本人의 朝鮮觀> ≪日本人의 朝鮮觀≫ 勁草書房, 1969.

旗田巍, <江戸時代의 朝鮮觀>≪日本人의 朝鮮觀≫ 勁草書房, 1969.

北島万次, <田尻鑑種의 高麗日記> ≪歷史評論≫ 279, 1973.

北島万次, <秀吉의 朝鮮侵略에 있어서의 神國意識> ≪歷史評論≫ 438, 1986.

小澤康裕, <江戸時代에 있어서 日本人의 朝鮮觀에 대하여> ≪朝鮮史硏究會
　　論文集≫ 2, 1966.

鐘聲會, <戰前의 歷史敎科書에 보는 朝鮮像>≪季刊三千里≫ 29, 1982.

塚本明, <神功皇后傳說과 近世日本의 朝鮮觀> ≪史林≫ 79-6, 1996.

金光林, <日鮮同祖論> 1995년도 후지제록스 小林節太郎 記念基金 연구조성
　　논문.

토론문

「일본의 개항과 한일관계관의 변화과정」

박한민 | 동국대학교

1. 막말 정치사와 쓰시마 번의 움직임을 연계시켜서 볼 필요성

현명철 선생님의 발표문은 일본이 메이지유신 과정을 거쳐 막부가 붕괴되고, 메이지 정부가 들어서는 과정에서 기존의 한일관계가 변화해 나간 과정을 큰 흐름 속에서 살펴보았습니다. 특히 주목하고 계신 부분은 메이지 정부가 기존에 장시간에 걸쳐 쓰시마 번이 주도해 대조선 관계를 '구폐'라고 규정하게 된 배경과 그 내용이 무엇이었는가 하는 점입니다. 조선 후기에 지속된 교린 체제에서부터 출발하여 막말 유신기에 대내외적인 위기가고조되는 가운데 쓰시마가 번의 생존과 경제적 이익을 얻기 위해 전략적으로 발빠르게 대처하면서 정치적으로 운동을 전개하고 있던 양상이 글 안에서 잘 드러나고 있습니다.

막말 유신기 일본의 조약 체결과 대외관계의 변화를 다루고 있는 일본 측 연구성과는 상당히 많은 편입니다. 근래에 나오는 연구들의 경우 막부 측에서 서구 열강과 본격적으로 통상조약을 체결하기 이전부터, 내부적으로 많은 정보를 수집하여 능동적으로 대응할 만한 능력을 갖추고 있었다는 점을 재조명하고 있습니다. 하지만 어디까지나 이것은 서구 열강과의 관계를 중심으로 하여 일본 내부의 정치변동 상황을 정교하게 다루는 데 그치는 경우가 적지 않습니다. 교린 체제 안에서 외교를 유지해 나가고 있던 조선과의 관계는 연계시켜서 다루고 있지 않은 것입니다. 비교적 근래에 일본에서 출간된 연구서로 미야치 마사토(宮地正人)의『幕末維新變革史』上·下(岩波書店, 2012. 2018년에 재간행)나 아오야마 다다마사(靑山忠正)의『明治維新』(吉川弘文館, 2012) 등에서도 이러한 흐름이 확인됩니다. 서구와 근대적인 통상관계를 수립하고, 메이지 정권을 수립하여 중앙집권적 권력을 창출해 나가는 과정을 여전히 중시하며, 기존에 인접국과 맺었던 관계가 변해가는 과정을 소홀히 다루는 경향이 나타나고 있는 것으로 보입니다.

쓰시마 번이 자신들의 독자적인 생존과 이익을 지향하면서 조슈와 같은 번벌 세력과 정치적으로 제휴하면서 긴밀하게 움직였던 모습은 분명히 같이 보아야 할 부분이라 할 수 있습니다. 그러한 점을 현명철 선생님의 발표문을 통해서 확인할 수 있습니다. 일본 정치사와 한일 관계사 양쪽을 시야에 두루 넣으면서 '정한론정변' 이전부터 지속적으로 영향력을 발휘하고 있던 문제 가운데 하나로 서술하는 것은 향후 연구에서도 과제라 할 수 있습니다.

2. 쓰시마와 동래부와의 관계

발표문에서는 다음번 글을 통해서 별도로 다루겠다고 하셨습니다만, 일본 국내의 정치적 변동 못지않게 중요한 것은 쓰시마와 동래부와의 관계입니다. 한창 막부를 대상으로 하여 이봉운동을 전개하고 있던 중, 동래부와는 쓰시마 통사들이 어떠한 내용을 주로 논의하고 있었는지에 대해서 살펴볼 필요가 있을 것입니다. 과문하여 1850~60년대 사이 쓰시마와 동래부의 관계를 구체적으로 다루고 있는 연구는 그리 많지 않다고 알고 있습니다만, 향후 이 부분을 어떠한 자료에 기초하여 다루고자 하시는지 연구방향을 여쭈어보고자 합니다.

메이지유신과 한일관계의 변용

2019년 9월 10일 초판 인쇄
2019년 9월 16일 초판 발행

지 은 이   한일관계사학회 편
발 행 인   한정희
발 행 처   경인문화사
편 집 부   김지선 한명진 유지혜
마 케 팅   전병관 하재일 유인순
출 판 신 고   제406-1973-000003호
주   소   (10881) 파주시 회동길 445-1 경인빌딩 B동 4층
대 표 전 화   031-955-9300   팩 스   031-955-9310
홈 페 이 지   http://www.kyunginp.co.kr
이 메 일   kyungin@kyunginp.co.kr

ISBN 978-89-499-4833-1   93910
값 16,000원